U0501142

问118 玩转"速卖通"

——跨境电商海外淘金全攻略

Q&A OF ALIEXPRESS
OPENING THE GOLD RUSH JOURNEY

红鱼 ◎ 著

中国海关 出版社

图书在版编目（CIP）数据

118 问玩转"速卖通"／红鱼著 . —北京：中国海关
出版社，2016.1

ISBN 978-7-5175-0095-7

Ⅰ . ①速… Ⅱ . ①红… Ⅲ . ①网络营销—指南
Ⅳ . ①F713.36 – 62

中国版本图书馆 CIP 数据核字（2015）第 254628 号

118 问玩转"速卖通"——跨境电商海外淘金全攻略

118 WEN WAN ZHUAN "SU MAI TONG" ——KUAJING DIANSHANG HAIWAI TAOJIN QUANGONGLVE

作　者：红鱼	
策划编辑：郭　坤	
责任编辑：郭　坤	
责任监制：王岫岩　赵　宇	
出版发行：中国海关出版社	
社　　址：北京市朝阳区东四环南路甲 1 号	邮政编码：100023
网　　址：www. hgcbs. com. cn；www. hgbookvip. com	
编 辑 部：01065194242 – 7585（电话）	01065194234（传真）
发 行 部：01065194221/4238/4246/4227（电话）	01065194233（传真）
社办书店：01065195616/5127（电话/传真）	01065194262/63（邮购电话）
印　　刷：北京新华印刷有限公司	经　销：新华书店
开　　本：710mm × 1000mm　1/16	
印　　张：17.5	字　数：277 千字
版　　次：2016 年 1 月第 1 版	
印　　次：2016 年 1 月第 1 次印刷	
书　　号：ISBN 978 – 7 – 5175 – 0095 – 7	
定　　价：38.00 元	

海关版图书，版权所有，侵权必究
海关版图书，印装错误可随时退换

前　言

有人说，"跨境电商是电商的最后一个风口"；更有电商圈的人戏称，"这年头，不谈谈跨境电商，出门都不好意思跟别人打招呼"。随着国家相关政策和措施不断扶持跨境电商的发展，近年来阿里巴巴旗下的速卖通平台也火了起来。

一句广告语："错过了当年的淘宝，还要再错过速卖通吗？"吸引了很多人纷纷加入速卖通平台淘金。有些人通过速卖通逆袭成为高富帅，也有很多新手碰到了种种困难，导致做不好速卖通而放弃。

由于我建立了QQ群，里面每天都有很多新手朋友加入，在接触了众多新手朋友后我发现他们在最开始的时候就遇到了问题，有因为不会英语怕自己做不好速卖通的，有因为不懂国际快递而担心发货困难的，也有因为注册店铺而遇到问题的。开店以后遇到的问题就更多了，其中最多的就是：选品找货源、速卖通规则、运费模板、国际物流、产品定价、店铺装修、店铺营销等。所以，大家经常会问我这类问题，我也都会抽时间给予解答。因为自己也是这么过来的，知道其中的辛酸，所以会尽量把自己懂的都告诉他们，毕竟帮助别人快乐自己嘛。

可是找我聊速卖通的太多，因为时间的关系无法一一答复，更无法尽心去做其他的事情。于是我就思索着如何解决这个问题，我开始尝试着通过网上讲课来解答朋友们的疑问，根据大家提出的问题来录制系列视频课。可是在做速卖通的过程中，大家的新问题总是层出不穷，尽管视频课受到海外销同学们的喜爱，但是还不能够解决他们遇到的所有问题。我能为他们做得还远远不够，所以，我开始努力寻找一个更完善的解决方案，以便于帮他们解决更多的疑惑。

正是在此期间中国海关出版社的郭坤编辑找到了我，希望我能够写一本关于速卖通基础知识的书。此提议，我仔细斟酌了一下，觉得可行。把做速卖通的详情写本书不就基本可以解决新手朋友的问题了嘛，因此我们一拍即合。

我把这本书定位为速卖通新手的入门书籍，目的在于帮助新手解决速卖通开店遇到的一系列问题，从最初开店的前期准备工作，到速卖通日常运营，再到店铺后期的优化与维护，系统地写出来。希望能够最大化地帮助全国各地的速卖通卖家朋友们。

为了让本书更加容易理解，我收集了很多速卖通新手最常见的问题，并将它们融合到各章节中，以便系统、详细地指导新手朋友解决遇到的问题。

本书比较通俗易懂，运用一问一答的方式为读者解惑释疑，内容非常接地气。具体文章中会通过一步步的截图演示速卖通的操作，从而带领读者深入了解速卖通的各项操作步骤及方法，让新手朋友一看就会，一看就懂。

最开始我以为写书和我平时写日志一样应该是很轻松的，于是我准备用一个月时间把书写完，没想到我低估了写书的困难，最终花了3个多月时间才写完。在写书的过程中我发现它和写日志完全不是一个概念，写日志是很轻松的，而写书必须全面，要有高度负责的态度，并且思路要连贯，逻辑要清晰，必须在一个安静的环境中创作，中途如果突然被某些事件打扰了就很难再进入那个状态了。

最开始写书都是下班后晚上开始写，写着写着就到了深夜，我逐渐发现越是夜深人静的时候越有灵感，于是后来就总是写到凌晨3点甚至更久，每天基本上都只睡5个小时。最后，为了能够尽快写完，我跟同事安排了一下，让他们帮我处理一些工作上的事情，我全身心地投入写作中去。每一篇文章、每一个知识点，我都尽可能地把自己懂的都写出来，有时候我会因为某个知识点没有灵感无法用更好的文字表达出来而抓狂，有时也会因为突然头脑短路而无法写出一个字，有时又因为写着写着到了半夜两眼皮打架想睡觉，在这种时候我都在房间里做俯卧撑或吃辣椒提神。虽然过程很辛酸，但是每当我写完一篇文章总会感觉很满足、很痛快。

经过3个多月的坚持，终于写完了。我又发现速卖通的规则发生了变化，没办法只能重新回去改写文章内容。本书介绍的所有操作规则与方法截至2015年6月。在写书的这一路上，非常感谢郭坤编辑一直以来的支持与照顾，为我提供指导，给我信心，她花费了很大精力帮我修改书稿，在她的帮助下我才得以顺利写完本书。虽然本书经历过多次修改，但可能还会有许多不足之处，还望读者批评指正。若大家需要本书中提及的表格或代码等文件，可以加 QQ939382747 向我索取。

最后也要感谢我们海外销商学院的 VIP 会员：安眠药、布小胡（夫妇）、纯净、王彦、张帆等人，为本书提供意见和数据，感谢所有一直在我身边给予我支持的家人和朋友。

红鱼

2015 年 6 月 6 日

Contents 目录

第七章　开启我们店铺的营销之路

● **第八章 怎样通过数据分析店铺的运营问题**

第一章

做跨境电商为什么选择"速卖通"?

国内市场竞争激烈趋于饱和,越来越多的人把眼光投向了国际市场,期望能够赶上电商的最后一班列车,跨越国界限制,站在世界的舞台演绎自己的品牌故事。伴随着跨境电商平台的兴起,"速卖通"平台通过低门槛、低佣金的模式迅速崛起,自 2010 年成立以来飞快增长,覆盖了 220 个国家和地区,2014 年"速卖通"的"双 11"单日订单量超 680 万个。如此诱人的市场,吸引越来越多的人加入进来。那么"速卖通"到底是什么,为什么选择"速卖通"呢,不会英语如何玩转"速卖通",以及做"速卖通"之前要准备哪些,才能为顺利开店做好铺垫,下面我就为大家一一解惑。

第一节　"速卖通"发展介绍

 "速卖通" 是什么?它的发展前景或趋势如何?

在"速卖通"官网的介绍中我们可以了解到,全球"速卖通"是阿里巴巴旗下面向全球市场打造的在线交易平台,它是为帮助中小卖家以及企业接触国际终端批发零售商,小批量多批次快速销售,拓展利润空间而全力打造的融合订单、支付、物流于一体的外贸在线交易平台,被广大卖家称为国际版"淘宝"。

"速卖通"就和国内的"淘宝"一样,我们可以把宝贝编辑成在线信息,

通过"速卖通"平台,发布到海外。我们也可以在家足不出户,用"速卖通"后台的淘代销工具将"淘宝"网的产品搬家至"速卖通",卖往海外,赚美金。和"淘宝"一样,我们只需打个电话快递就会上门取货,快递到全球买家手中,类似国内的发货流程,只是通过的是国际快递将宝贝运输到买家手上。

"速卖通"和"淘宝"不一样的地方就是"速卖通"是货通全球的一个平台,买家以国外消费者为主,覆盖全球 220 个国家和地区。

随着近几年电子商务的迅猛发展,跨境电商逐渐被人们所熟悉,国家也为鼓励跨境电商的发展出台了多项政策,进一步推动了跨境电商的快速发展。根据艾瑞机构的数据显示,2013 年中国跨境电商市场交易额为 3.1 万亿元,增长率为 31.3%,其中出口占比达到 88.2%。通过这些数据可以看出跨境电商的发展速度之快,"速卖通"作为阿里巴巴旗下的外贸在线交易平台,在 2010 年 4 月上线,经过 5 年多的迅猛发展,每天海外买家的访问流量已经超过 5 000 万,最高峰值达到 1 亿,已经成为全球最大的外贸在线交易平台。

在 2014 年"双 11"当天"速卖通"成交 680 万个订单,比去年增长 60%,截至美国太平洋时间 11 月 11 日 24 时,"速卖通"订单最多的国家和地区包括俄罗斯、巴西、以色列、西班牙、白俄罗斯、美国、加拿大、乌克兰、法国、捷克共和国、英国,订单总量超 680 万个,可见"速卖通"的发展之快。由于海外市场刚刚被开拓,"速卖通"能够有如此快的增长速度,证明其市场潜力和机会是很大的,所以"速卖通"的发展前景非常可观,用"速卖通"官方的话来说相当于 2005 年的"淘宝",潜力无穷。

 怎样利用"速卖通"赚美金?

无论做什么生意归根结底都是为了赚钱,那做"速卖通"毫无疑问也是为了赚钱,并且是通过互联网赚取全世界的钱。那么怎样去赚呢?第一步,我们需要注册一个账号,在"速卖通"首页点击"马上开店"即可把我们的产品卖往海外市场,具体的注册流程会在第三章为大家详细讲解;第二步,我们需要准备一个国内认证过的支付宝账号,之后在"速卖通"后台绑定支付宝完成身份认证即可开通店铺;第三步,店铺开通后把我们的产品上传,上传的产品越多越好,因为这样能够让我们的产品覆盖的流量范围更广，有了流量之后接下来就只要等着海外买家来我们的店铺购买产品了；最后，拿到订单之后，我们联系货代发货到海外买家手中就可以了。这就是整个"速卖通"赚美金的流程，只要熟悉了整个过程，操作起来非常简单。而本书就将给大家讲解店铺开店、上传产品、接单、发货等详细流程，为大家开启"速卖通"赚美金的大门。

 "速卖通"的客户群是谁？

在介绍"速卖通"的目标客户之前，我们先来了解一下"速卖通"最初的情况。"速卖通"起始阶段主要以在线小额外贸批发为业务重点，买家人群多为国外小商家，从事小额批发、代购等业务。

2012 年"速卖通"开始低调酝酿转型，业务量随之翻倍增长，2013 年 1 月其成交额同比增长 4.2 倍，2012 年 12 月创下的单月交易量已超过了 2010 年成立之初的全年交易量。因此在 2013 年阿里巴巴集团旗下全球"速卖通"平台宣布，"速卖通"将从小额在线外贸批发平台全面转型为面向海外的购物平台即"国际版'淘宝'"，未来"速卖通"将以海外个人消费者为目标买家，主攻俄罗斯、印度、巴西等新兴市场。2014 年 2 月据"速卖通"发布的一系列数据显示，美国以及俄罗斯、巴西等金砖国家依然是"速卖通"的主力市场，但在主力市场之外也涌现出 20~30 个新兴市场，如以色列成交额增长了 5 倍，西班牙成交额增长了 4 倍，另外还有一些东欧国家，形成第二梯队，大量进口中国消费品。目前"速卖通"65% 的买家是个人，35% 的买家是小商家，所以现在做"速卖通"大家会发现零售和批发的买家是同时存在的。

 与传统外贸相比做"速卖通"的优势？

在传统外贸中，国内的产品要销售到海外买家手上至少要经过 5 个渠道：国内工厂——国内贸易商——目的国进口商——目的国分销商——目的国零售商。这种模式环节多、时间长、成本高，国内商家不能够直接面向海外买家，国外买家也不能直接面对国内商家，导致企业无法深入了解用户的内在需求。

全球"速卖通"最大的优势在于通过减少外贸环节中的进口商渠道，将以往传统外贸中进口商所获取的巨额利润，返还到国内工厂及贸易商，同时降低了海外零售商的采购成本，从而达到消费者获利的目的。"速卖通"在线外贸交易平台直接面向海外最终买家，大大降低了国内企业走出国门的成本，同时只要海外买家在"速卖通"平台下订单，国内卖家便可以联系国际物流直接发送到海外消费者手中，极大地提高了效率。

5 "速卖通"对比内贸电商（"淘宝"、"天猫"）的优势？

"速卖通"、"淘宝"、"天猫"同属阿里巴巴集团，那么"速卖通"相对"天猫"、"淘宝"有何优势呢？首先"速卖通"和"淘宝"、"天猫"的买家群体并不一样，"淘宝"、"天猫"主要针对国内市场，买家主要来自国内，"速卖通"针对的是国外市场，国内的买家不能在"速卖通"购物，"速卖通"的买家全部来自其他国家，国内的买家和国外的买家购物习惯有很多不同之处。

对于国内电商来说，在"淘宝"、"天猫"开店是需要经常接待客户咨询的，而个人在"速卖通"开店并不需要刻意安排时间去和客户聊天。做过"速卖通"的朋友都知道，"速卖通"平台的客户是不怎么跟店家聊天的，客户基本上看上了产品就付款。如果客户咨询我们多半是我们产品介绍的不够详细，大部分情况下"速卖通"卖家只需要把店铺产品介绍详细，就不再需要花费很多的时间去做客服工作了，这是"速卖通"比"淘宝"、"天猫"要好的一点，它可以在创业初期为个人创业者节约出很多时间和精力，将其放在更重要的网店优化工作上。

此外，目前国内的"淘宝"、"天猫"平台上卖家多、竞争激烈，这导致很多中小卖家越来越难做，他们中很多人都遇到了销售瓶颈，业务无法实现太多的突破，所以国内电商几乎可以说已经是红海一片，中小卖家无法突出重围，而"速卖通"平台上的卖家并不是很多，很多类目都还属于蓝海，竞争并不是很激烈，相对于"淘宝"、"天猫"来说"速卖通"还有很大的潜力有待挖掘。

最后，前期开"速卖通"店铺不需要压货，我们先不说有一件代发之类的便捷通道，我们都知道以往在"淘宝"开店都需要事先备货，因为国内买家要求我们3~5天就要送货到他们手上，所以做"淘宝"电商必须提前备货，然而"速卖通"可以设置7~15天的备货期，也就是说在7~15天内给海外买家发货都是可以的，所以，这样的话做"速卖通"是不需要提前备货的，一旦店铺有了订单再去进货然后再给海外买家发货就行了，这样就有效地减小了我们前期由于资金不足导致的备货压力。

 "速实通"对比 eBay、亚马逊、敦煌网的优势？

在选择做跨境电商之前，我们都知道有亚马逊、eBay、敦煌网、"速卖通"等几大平台，那么这些平台我们该如何取舍呢？

首先，每个平台都有自己的优势，我们且不谈到底哪个好哪个不好，因为这个问题要根据我们自身的情况而定。如果是新手刚刚进入跨境电商的话，我建议选择"速卖通"比较好，因为开店很简单，只需准备好一个国内认证的支付宝绑定一下即可成功开店，开店是免费的，手续费也很低，每笔交易只收取5%佣金，门槛比较低，很适合新手操作。如果是有一定实力的团队，可以选择多平台操作，因为亚马逊、eBay、敦煌网这三大平台都是不错的，唯一需要注意的就是亚马逊、eBay 准入门槛相对较高，对卖家要求严格，同时收费的点很多，开店办理的手续也有很多，而敦煌网和"速卖通"开店门槛是一样的，虽然准入门槛没有亚马逊、eBay 那么高，但是敦煌网开店相对于"速卖通"来说收费要高一些，并且后台很多功能也都要收费，然而这些功能在"速卖通"都是免费使用的，所以这是"速卖通"的优势所在。

此外，2014 年阿里巴巴上市后名声大噪，让美国、俄罗斯等国家和欧洲乃至非洲地区的企业和消费者知道了它的存在。作为阿里巴巴上市六个板块之一的全球"速卖通"被摆在最上一排的显眼位置，可见阿里巴巴对"速卖通"业务的重视。阿里巴巴上市后其知名度将进一步提高，将能够更好地帮助"速卖通"卖家快速成长。

第二节 "速卖通"开店需要做什么前期准备？

 做"速卖通"应该具备什么心态？

首先，做"速卖通"要有耐心，众所周知开网店就要经常在电脑旁边悉心维护自己的店铺，要能忍受寂寞孤独，能吃苦，能坚持下去，所以拥有耐心是非常重要的，因为这样才能够保证我们能静下心来好好做事，才能不急功近利。

我常说，"慢就是快，快就是慢"。意思就是一件事情要慢慢去做，前期关注到每一个细节，慢慢优化，慢慢调整，在后期才能够跑得起来，否则跑起来也会摔跤。既然慢下来，那么肯定需要比其他人付出更多努力去想问题，想到问题就要去验证问题，并且测试优化，所以我们必须得能吃苦、能坚持以及耐得住寂寞孤独，这样才能够把每一件事情、每一个细节吃透。做事情要么不做，要做就做到极致，把店铺每一个环节不断优化，不断改进，直到满意为止。同时我们还要学会不断试错，不断总结，不断调整心态，并且专注，这就是工匠般的精神。工匠不断雕琢自己的产品，看着它不断改进、不断完善，最终以一种符合自己严格要求的近乎完美的形式面世。

另外，我们还要有一颗空杯的心态，把自己当成一个新人，做到好学、好问、好沟通，多跟同行业的人一起交流，形成一个互相学习交流的圈子，这才是学习最快的方法。一个人摸索是很难有大的突破的，身边有三个人每个人有一种方法，三个人都分享出来，那么每个人就都有了三种方法，所以有一个圈子大家在一起带着空杯的心态互相学习是非常重要的。同时，我们还应该要有付出和感恩的心，因为拥有付出和感恩的心我们才会对买家用心，发自内心地为买家提供好的产品和好的服务，这样买家感知到我们的用心，他们也会跟我们维持长期的交易关系，成为我们的老顾客。只有这样诚信做生意，才能够长久下去。

 8 不懂外语能做 "速卖通" 吗？

很多朋友会因为自己不会英语而害怕，怕自己不能做好 "速卖通"，其实这些我们都不用担心，因为我们 "速卖通" 的后台都是中文的，至于发布产品的描述、标题、关键词等需要英文都不是什么大事，因为这都是可以翻译的，就比如我们从 "淘宝" 代销产品过来，"速卖通" 的淘代销是可以给我们自动翻译的。此外还有谷歌翻译、有道翻译、必应翻译等工具可以为我们提供翻译，所以大家不必有英语不好就做不好 "速卖通" 之类的担心，我的

QQ 群里有很多做"速卖通"的朋友，他们大部分人也不会英语，可"速卖通"一样做得很好。

我有位朋友不会英语，但是他非常努力，在刚刚开始做"速卖通"的时候每天工作到很晚，他下定决心一定要把"速卖通"吃透，不会英语他就用翻译工具把它翻译过来，虽然表达出来的意思有很大差别，不过也能够大概看得懂。经过几个月的努力，上传了 800 多个产品，店铺也慢慢做起来了，在 2014 年"双 11"当天他出了 500 多个订单。这位朋友他没念过多少书，没多少文化，但是他好学，肯下决心钻研并且专注，看了他的故事是不是觉得英语不是什么困难呢？只要大家想做一件事，不管遇到多大的困难都会被克服的。

 不会英语怎么玩转"速卖通"？

前面我们了解到英语不是太大的问题，那么不会英语的朋友怎样操作"速卖通"呢？这里我来给大家介绍一下如何通过翻译工具解决英语问题，顺利玩转"速卖通"。首先我们在发布产品的时候会需要用到英语，因为发布产品的标题、关键词、产品描述等必须使用英语，当然和买家交流时也需要用到英语，还有我们打开"速卖通"买家首页（www. aliexpress. com）时需要会英语才能够看懂，但是，这些我们都不用担心，我给大家推荐 3 个翻译工具，谷歌翻译、必应翻译、有道翻译。这 3 个工具都是翻译比较准确的，这里我们就以翻译"速卖通"买家首页为例，如图 1 – 1 所示。

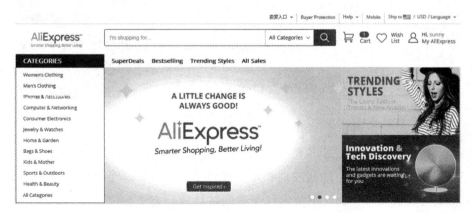

图 1 – 1

图1-1是"速卖通"买家首页，我们可以看到这个页面都是英文的，那么不会英语怎样才能够看懂呢？我们可以选择用有道翻译把整个英文页面翻译成为中文页面。

首先我们打开有道翻译在输入框里输入"速卖通"买家首页网址，如图1-2所示，点击自动翻译即可，输入网址的意思就是让有道翻译翻译整个网页，如图1-3所示。

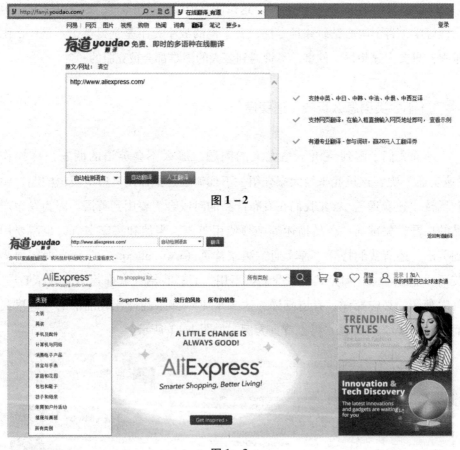

图1-2

图1-3

这样我们就非常轻松地把"速卖通"买家首页英文版翻译成中文版了，还在为不会英语而担心的朋友现在可以放心了，直接看即可看懂。如果大家还想看搜索结果页，那么把搜索结果页的链接放到有道翻译页也可以直接转换成为中文。下面，我随便搜索一个关键词对搜索结果页进行翻译，我们来看看效果吧。

如图 1-4 所示，此时的搜索结果页也同样变成中文了，方便我们不会英语的朋友及时看懂。那么"速卖通"的标题、关键词、描述也是英文的，怎样翻译呢？翻译办法也是一样的，我们把关键词放到输入框进行翻译即可转换成为中文，这里我就不一一演示了，就拿一个描述来翻译一段给大家看看吧。

图 1-4

如图 1-5 所示，这是一段产品底部的描述介绍，如果我们看不懂，那么把这段英文复制到有道翻译去翻译即可，如图 1-6 所示。

note

Please compare the detail sizes with yours before you buy!!!

Different computer display colors differently, actual item color may slightly vary from the images.

Please allow 1-2cm error due to manual measurement.

Measure the clothes you usually wear but not measure your body to choose size.Thanks for your understanding.

图 1-5

此时我们就把产品描述的这一段话给翻译成中文了，这样我们就能看懂

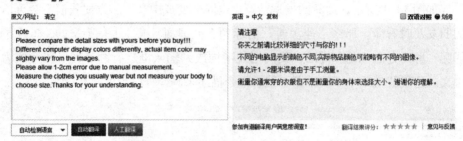

图 1-6

人家是怎样描述产品的了，当然和买家聊天也一样，可以利用软件把中文翻译成英文，如图 1-7 所示。

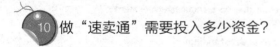

图 1-7

我们可以看到在图 1-7 中，我在有道翻译左侧输入了："你好啊亲爱的朋友，感谢您对我们网店的支持！"那么在右侧就显示翻译出来的英文："Hello my dear friend, thank you for your support to our shop!"所以说不会英语的朋友可以用这种方法去玩转"速卖通"网店。

10 做"速卖通"需要投入多少资金?

既然要创业做"速卖通"，不管是兼职还是全职都必须准备一笔资金，如果想一分钱不投资就把生意做成那是不可能的。做"速卖通"要投入多少钱是没有固定标准的，除了投入的工作时间外，还有一些必要投入。我们来大致盘算一下做"速卖通"至少要投入的资金额度吧。首先，电脑和网线是必须准备的；其次，如果在"速卖通"销售特定行业的产品，还需要缴纳不同比例的保证金；最后，进货成本、周转资金、包装材料费、运费，等等，这些费用是很难估算要多少成本的。

因为不知道大家销售什么产品，也无法知道大家一次性进多少货，如果非要说大概准备多少钱的话，保守一点应该准备 1 000 ~ 10 000 元。当然还得根据大家各自情况去估算，准备的资金多的话那当然会更好，准备的资金少那么就节约点花。不管资金多或少，最重要的是有一个好的心态，只要用心去做，肯吃苦并且有执行力，一切困难都会为我们让路的！

 11 新手做"速卖通"，怎样找货源？

很多朋友刚开通"速卖通"店铺时，最头痛的事情就是找产品、找货源，刚开始对于自己店铺要卖什么产品比较迷茫，于是在找产品这个阶段就浪费了很多时间，甚至还有些女生比较喜欢用第六感觉来找产品，通常是按照自己的喜好确定产品，例如，自己觉得包比较好卖那么就做包，在选品阶段从来没有过任何的数据分析和调查就盲目地开始找货源。在找货源时又不知道什么货比较好卖，什么风格的货受买家喜欢，于是就上传自己喜欢的包到店铺进行销售，做了一段时间后发现根本就卖不动，这就是典型的靠第六感觉找产品、找货源的方式。

如果有人也是用这种方式找产品和货源的，那么赶紧忘掉这个错误的想法吧，只有通过数据分析才能够清晰地了解我们的买家他们喜欢什么风格的产品，喜欢什么款式的产品，以及在什么价格区间是买家最能够接受的。只有我们了解了这些数据，我们才能够把握消费者的购买意向，否则产品和货源都没有选对，后面的一切努力都将白费。那么如何通过数据分析找产品、找货源呢？我在本书的第四章将为大家详细介绍如何利用数据分析掌握买家的需求，让大家在选品、找货源的路上少走弯路。

 12 发货到国外需要哪些流程？

前期很多朋友可能会想发货到国外去是不是很麻烦啊？其实如果大家发

过一次国际快递就知道了，发货流程和国内发货没有太大的区别。首先，我们要发货到国外去可以联系国际货代发货，我们不懂可以问货代发货的流程，以及怎样计算产品运费，货代都会告诉你的。

下面就让我简单给大家介绍一下发货的流程吧。和发国内快递一样发货的第一步是联系快递员，我们发国际物流联系货代即可，找好货代之后把产品包装好，然后打印好面单贴到产品包装上，之后货代给产品称重计算运费，随后到货代网站充值运费，最后在"速卖通"后台点击"发货"并填写好单号，整个发货的流程就完成了。

发货到国外去就是这么简单，其中比较难懂的可能就是各大国际物流有什么区别，我们怎么选择最适合自己的物流渠道了。在本书第五章我会详细给大家介绍各大国际物流的特点，让大家更加清楚地了解国际物流，并根据自身情况选择最适合自己的物流公司。

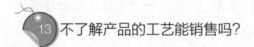

13 不了解产品的工艺能销售吗？

不了解产品的工艺能不能在"速卖通"卖？这个问题大家不用担心，很多刚刚进入"速卖通"的卖家他们也不懂产品工艺，一个产品大家熟悉几周就差不多都懂了。再说，也没有必要去深入地了解产品的制作工艺、生产流程等，这就好比我们使用电脑一样，我们只在乎电脑好不好用，而不会去在乎电脑主板怎样生产的，CPU 怎样做出来的，所以不必担心不了解产品的工艺能不能去卖的问题。

卖家在网上只需要对产品作详细的介绍就可以了，如果不知道如何介绍可以参考同行的产品介绍，或者联系我们的上级供货商，让他给我们提供产品的详细介绍。在网上买家看不到实物，只能通过图片和介绍来辨别是否是自己需要的产品，买家看中了他就买了。

虽然产品的工艺我们可以不了解，但是我们要了解产品的质量，如果质量不行，买家收到货之后发现产品质量太差会给我们差评的，一个差评对于我们的"速卖通"店铺来说影响特别大，所以不管大家对产品工艺了解不了解，产品质量一定要被放在首位。

第二章

熟知"速卖通"的各类规则

俗话说，"国有国法，家有家规"，国无法则无序，家无规则不立。"速卖通"也有自己的卖家守则，只有遵守规则，公平交易，才能诚信于人，否则市场秩序会遭到破坏，陷入混乱，卖家生意无以为继。本章内容将逐一介绍"速卖通"规则，帮助大家熟知规则，避免违规受到处罚。

 14 为什么无法注册店铺？

很多朋友在注册"速卖通"店铺时会遇到不成功的情况，其实要成功注册店铺，就要按照开通店铺的步骤来，从注册到开店都要遵守"速卖通"的注册规则，否则是无法成功开通店铺的。下面来看看"速卖通"官方提出的注册规则。

◎ 卖家在"速卖通"所使用的邮箱、"速卖通"店铺名中不得包含违反国家法律法规、涉嫌侵犯他人权利或干扰全球"速卖通"运营秩序等相关信息。

◎ 除非全球"速卖通"事先同意，只有中国内地的卖家才可在"速卖通"注册卖家账户。中国内地卖家不得利用虚假信息在"速卖通"注册海外买家账户，如"速卖通"有合理依据怀疑中国内地卖家利用虚假信息在"速卖通"注册海外买家账户，"速卖通"有权关闭买家会员账户，对于卖家，"速卖通"亦有权根据违规行为进行处罚。

◎ 全球"速卖通"有权终止、收回未通过身份认证且连续一年未登录

"速卖通"或 TradeManager 的账户。

◎ 用户在全球"速卖通"的账户因严重违规被关闭，不得再重新注册账户；如被发现重新注册了账号，"速卖通"将关闭该会员账户。

◎ 用户在"速卖通"所注册使用的邮箱必须是注册人本人的邮箱，"速卖通"有权对该邮箱进行验证。

◎ 全球"速卖通"的会员 ID 是系统自动分配，不能修改。

◎ 若卖家已通过认证（支付宝实名认证、身份证认证或"速卖通"要求的其他认证），则不论其"速卖通"账户状态开通与否，不得将个人身份信息取消绑定。

◎ 一个会员仅能拥有一个可出售商品的"速卖通"账户（"速卖通"账户所指为主账户）。禁止出租、出借、转让会员账户，如有相关行为的，由此产生的一切风险和责任由会员自行承担，并且"速卖通"有权关闭该会员账户。

◎ 中国供应商付费会员若在 Alibaba. com 平台因严重违规被关闭账户，全球"速卖通"平台的相关服务或产品也将同时停止使用。

具体详情请参考"速卖通"官方注册规则网址：

http：//seller. aliexpress. com/education/rules/jiedu. html？tracelog = rules_detail#register

如果没有遵守以上这些规则，是不可能顺利开通"速卖通"店铺的。除了遵守以上规则外，我们还要拍照实名认证，通过认证后才可以开通店铺。很多朋友无法成功注册店铺也是因为拍照问题，拍摄的照片一定要让面部和身份证清晰可见，且身份证四个角完整，否则是无法通过审核的。店铺审核通过后，必须考试及格，如果不及格，直到考试及格后才可以继续下一步。最后，我们还要发布 10 个产品"速卖通"店铺才能正式开通。

 为什么产品无法发布？

如果我们上传了"速卖通"不能发布的禁售产品和限售产品，是肯定无法发布成功的。禁售产品主要是指枪支弹药、毒品、易燃易爆品等，限售产品主要是指销售需前置审批，或凭证经营，或授权经营的物品等。具体产品类别可以参考

""速卖通"禁限售商品目录"网址：http：//activities. aliexpress. com/adcms/seller – aliexpress – com/education/rules/post001. php。如果发布了这些禁限售商品是会受到处罚的，处罚类型如表 2 – 1 所示。

表 2 – 1

处罚依据	行为类型	积分处罚	其他处罚	备　注
《禁限售规则》	发布禁限售商品	严重违规：48 分/次（关闭账号）	1. 退回/删除违规信息	规则新增的 30 天内拦截的信息，只退回或删除，不积分
		一般违规：0.5—6 分/次（1 天内累计不超过 12 分）	2. 若核查到订单中涉及禁限售商品，"速卖通"将关闭订单，如买家已付款无论物流状况均全额返款给买家，卖家承担全部责任	

　　除了网页中列出的禁限售商品无法发布之外，在产品描述或图片中不能出现如邮箱、QQ、ICQ、MSN、SKYPE 等信息，留有联系信息的产品无法发布。同时，在任何描述中禁止出现非"速卖通"平台的网站链接。在商品标题、描述中带有攻击性、冒犯性或有违道德的文字也是无法发布的。再者在发布产品时不能发布非英文信息，否则会提示非法字符不能发布。

　　此外，侵犯知识产权的产品也不能发布，很多新手卖家可能会用淘代销上传产品，或者用搬家工具把别的产品发布到自己店铺，这样在无意中可能就侵犯别人的商标、专利、著作权，或者会被人投诉图片盗用。大家一定要多留意，在发布产品的时候检查好了再发布，否则就算发布成功了也是暂时的，后面发现会被扣分或者删除，具体惩罚如表 2 – 2 所示，严重的还会直接被封店。

　　表 2 –2 是"速卖通"官方公布的违规处罚，大家可以参考下避免以后被处罚。要了解更多的侵权规则可以参考以下网址：http：//seller. aliexpress. com/education/rules/detail. html？ tracelog = rules_ homepage#knowledge – punish

　　在发布产品时除了要谨记不触犯以上所介绍的规则外，还应该注意不要触犯搜索作弊，触犯了搜索作弊，虽然产品可以发布上去，但是会让我们的产品搜索排名靠后，严重的还会导致账户冻结或封店，如表 2 –3 所示。

表 2-2

违规行为		违规行为情节/频次				备 注	其他处罚
		第一次违规	第二次违规	第三次违规	第四次违规及以上		
《知识产权规则》	买家投诉收到假货	6分/次					退回/删除违规信息
	图片盗用投诉	0分	6分/次			首次投诉5天内算一次；其后一天内若有多次投诉成立扣一次分，时间以投诉结案时间为准	
	权利人投诉 / 一般侵权	0分	6分/次			首次被投诉后5天内的同一知识产权投诉成立算一次，其后每一天内所有同一知识产权投诉成立扣一次分，时间以投诉处理时间为准	
	权利人投诉 / 严重侵权	0分	12分	12分/36分	24分	首次被投诉后5天内投诉成立算一次；其后每次被投诉成立扣12分，第四次扣24分；若累计同一知识产权投诉成立达第三次，扣36分 一天内所有知识产权投诉成立扣一次分、时间以投诉处理时间为准，（每次违规后，均需进行知识产权学习）	
	平台抽样检查/举报涉嫌侵权 / 一般	0.2分/次（一天内扣分不超过6分）					
	平台抽样检查/举报涉嫌侵权 / 严重（发布涉嫌侵权的品牌衍生词，发布涉嫌侵权信息且类目错放）	2分/次（一天内扣分不超过12分）					
	平台抽样检查/举报涉嫌侵权 / 特别严重（1）全店售假（2）进行恶意规避行为等	48分/次					

表 2 - 3

违规行为类型	处罚方式
类目错放	
属性错选	
标题堆砌	
标题类目不符	1. 违规商品给予搜索排名靠后的处罚
黑五类商品错放	2. 根据卖家搜索作弊行为累计次数的严重程度，对整体店铺给予
重复铺货	搜索排名靠后或屏蔽的处罚；情节特别严重的，平台将给予冻结
广告商品	账户或关闭账户的处罚
描述不符	注：对于更换商品的违规行为，平台将增加清除该违规商品所有
计量单位作弊	销量纪录的处罚
商品超低价	
商品超高价	
运费不符	
SKU 作弊	
更换商品	

发布的产品出现图 2 - 1 中的搜索作弊违规行为会被及时清理掉，不是特别严重的会在卖家后台"商品诊断"工具中对卖家搜索作弊的违规情况进行

1.类目错放	2.属性错选	3.标题堆砌
4.标题类目不符	5.黑五类商品错放	6.重复铺货
7.广告商品	8.描述不符	9.计量单位作弊
10.商品超低价	11.商品超高价	12.运费不符
13.SKU作弊	14.更换商品	15.信用及销量炒作

1.类目错放

1.类目错放

（1）定义：指商品实际类别与发布商品所选择的类目不一致。

这类错误可能导致网站前台商品展示在错误的类目下，平台将进行规范和处理，请您检查错放产品的这类信息，进行修改，新发产品也请正确填写类目信息。

（2）具体案例

案例一：

手机壳错放到化妆包"Cosmetic Bags & Cases"中，正确的类目应该为：电话和通讯(Phones & Telecommunications) > 手机配件和零件(Mobile Phone Accessories & Parts) > 手机包/手机壳(Mobile Phone Bags & Cases)

Back to search result | ... > All Categories > Luggage & Bags > Special Purpose Bags > Cosmetic Bags & Cases

20pcs/lot Rhinestone diamond Back Hard Case Cover For Phone Case 3GS 2/3G!!

Price: **US $144.36** /lot
20 pieces / lot, $6.30 - 7.22 / piece

图 2 - 1

提醒。另外"速卖通"平台也给出了详细案例来介绍如何避免搜索作弊，请参考网址：http：//seller. aliexpress. com/education/rule/product/spam. html，打开网站后可以点击 1 ~ 15 个违规行为类型查看具体的违规案例，如图 2 - 1 所示。

这 15 个搜索作弊类型网页中都有详细的介绍，了解后大家务必避免出现类似的情况，希望大家学习后都能够成功顺利地发布产品。

 "速卖通"交易规则有哪些？

在"速卖通"的交易过程中既有规则主要包括这 10 项：成交不卖、虚假发货、货不对版、信用及销量炒作、诱导提前收货、不正当竞争、违背承诺、恶意骚扰、严重扰乱平台秩序、不法获利。如果违反了这些规则，店铺就会受到相应的处罚，并且还会对店铺产生很大的影响。接下来我们逐一介绍各个规则。

成交不卖

成交不卖的意思就是如果买家拍下我们的产品并且付款，我们没有在设置的发货期内给买家发货，就会受到成交不卖处罚。另外一种是买家拍下我们的产品付款后，在我们准备给他发货之前把订单取消了，并且取消订单的原因选择的是我们的原因的话也会被判成交不卖。

店铺有成交不卖的产品会被下架，如果成交不卖的次数达到一定数量后，整个店铺都会在不同程度给予搜索排名靠后处理，情节严重的整个店都会被屏蔽，特别严重的会被冻结账户或封店。成交不卖对店铺的影响非常大，特别是新店铺收到成交不卖处罚流量基本上就没有了，因为这种行为非常影响"速卖通"平台的买家体验。试想一下如果我们是买家，到一个网站去购物也付款了，结果等了好久都没发货，能不生气吗？估计以后再也不会来这个网站买东西了。

成交不卖是"速卖通"最不能容忍的，所以我们以后要注意，特别是新手卖家，由于不知道规则特别容易导致成交不卖。成交不卖的出现可能是因为销售价格填错了、运费模板设置错了、没有库存了等情况。主要问题还是出现在发布产品时销售价格或销售方式设置错了，比如卖袜子的准备选择打包销售，结果零售价设置成了一双的价格导致亏本就不想发货了。所以在发布产品时一定要仔细检查后再发布，如果之前的产品有这种情况及时发现及时修改回来。运费模板问题也时常出现在新手卖家的店铺中，主要是因为没有把运费计算在销售价格中，导致亏本。在设置运费时要多加注意。运费模板设置，我们在后面的章节会有详细讲解。

如果因为这些原因导致成交不卖，可以及时联系买家说出原因，得到他们的理解，有些买家会愿意取消订单的，但是要注意一定要提醒他们不要选择是我们的原因，要让买家选择其他原因，我们就不会被判定为成交不卖。

虚假发货

虚假发货就是卖家在规定的发货期内没有给买家发货，但卖家为了避免成交不卖而填写无效运单号糊弄买家和平台的。另外虽然填写的运单号是有效的，但是无法和订单信息匹配也属于虚假发货，意思就是运单号的寄送地址和买家收件地址不在一个国家的也属于虚假发货。

卖家给买家发货选择无挂号平邮小包的风险很大，平邮小包就是无法跟踪物流信息，虽然我们发货了，由于查询不到信息，买家会以为卖家没有发货，很有可能会投诉我们虚假发货，平台也会因为查询运单号无任何记录判定为虚假发货，并且会全额退款给买家。虚假发货一般违规冻结账户 7 天，严重违规冻结 30 天或关闭账户，如表 2-4 所示。

表 2-4

违规情形	处罚措施
虚假发货一般违规	冻结账户 7 天
虚假发货严重违规	冻结账户 30 天或关闭账户
说明："速卖通"平台将根据卖家违规行为情节严重程度进行关闭账户的判定。同时，被平台认定为虚假发货的，不论是虚假发货一般违规还是严重违规，平台将立即关闭该笔订单，并将订单款项退还买家，由此导致的责任由卖家承担。	

货不对版

货不对版指买家收到产品后发现和描述的参数、材质、规格等不一致，这种情况主要由于卖家发布产品时，不认真仔细填写属性和描述导致的。货不对版又分为一般货不对版和严重货不对版。根据"速卖通"规则规定严重货不对版行为包括但不限于以下情况：

◎ 寄送空包裹给买家；

◎ 订单产品为电子存储类设备，产品容量与产品描述或承诺严重不符；

◎ 订单产品为电脑类产品硬件，产品配置与产品描述或承诺严重不符；

◎ 订单产品和寄送产品非同类商品且价值相差巨大。

如果收到买家投诉货不对版会冻结账户 7 天，严重的会冻结账户 30 天或关闭账户，如表 2 – 5 所示。

表 2 – 5

违规情形	处罚措施
一般货不对版	第 1 次违规，冻结账户 7 天；2 次以上违规，冻结账户 30 天或关闭账户
严重货不对版	关闭账户
说明："速卖通"平台将根据卖家违规行为情节严重程度进行关闭账户的判定。同时，被平台认定为货不对版的，不论是一般货不对版或严重货不对版，平台将立即关闭该笔订单，并将订单款项退还买家，由此导致的责任由卖家承担。	

被"速卖通"平台认定为货不对版将会关闭订单，并把订单款项退还给买家，所以各位朋友一定要如实填写产品的各项信息，否则所有责任都由卖家承担。

信用及销量炒作

信用及销量炒作通俗点说就是刷单，刷信用的意思。如果说发现店铺有 10 个订单是刷单行为，那么这 10 个订单的销量和评价分数将会清空，给予店铺搜索排序靠后处罚，还会对 10 个订单进行退款，并根据其违规行为的严重程度给予冻结账户 30 天或 60 天，最严重的冻结 180 天并清退的处罚。如果第

2 次又发现刷单，不论严重程度如何，平台一律做清退处理。通过这些规则可以发现"速卖通"无法容忍刷单，因为刷销量，刷评价会误导买家，这样做会导致"速卖通"平台买家体验不好从而影响买家购物体验。希望各位朋友不要冒着危险去刷单。

诱导提前收货

诱导提前收货指卖家诱导买家在未收到货的情况下提前确认收货。对于诱导提前收货的行为，一经发现，平台对该卖家立即清退。（清退，指关闭账户的同时对卖家其余订单进行审核处理）

不正当竞争

不正当竞争指产品信息、店铺名称、域名当中使用他人的商标权或著作权，在产品信息中的描述对买家造成误认、混淆。这就好比盗版人家的产品一样，导致买家会误认或混淆，以为真是这个品牌。另外就是利用各种恶劣的手段，如恶意下单、恶意评价、恶意投诉等行为，影响其他卖家的正常经营。不正当竞争又分为一般违规和严重违规。不正当竞争严重违规行为包括但不限于以下情形：

◎ 对其他卖家的正常经营造成恶劣影响；

◎ 使买家造成严重误认、混淆，严重影响购物体验；

◎ 卖家在平台调查过程中做虚假陈述或提供虚假证明资料；

◎ 卖家不接受平台提醒或整改要求，仍明知故犯。

一般的违规处罚冻结账户 7 天，严重的冻结账户 30 天或关闭账户。

违背承诺

违背承诺很好理解，就是不遵守自己的承诺，导致损害买家正当权益的行为。比如我们承诺只要买这个产品就送赠品，但实际上并没有给买家赠品。或者说承诺可以给买家退换货，然而买家要求退换时也不给退，这就是不遵守自己所做出的承诺。

违背承诺也分为一般违规和严重违规，严重违规行为包括但不限于以下情形：

◎ 对买家购物体验造成严重影响；

◎ 卖家在平台调查过程中做虚假陈述或提供虚假证明资料；

◎ 卖家不接受平台提醒或整改要求，仍明知故犯。

违背承诺一般违规处罚是警告或做出产品下架处理，严重处罚是冻结账户 7 天，性质特别严重的直接封店。

恶意骚扰

恶意骚扰指卖家在交易中或交易后采取恶劣手段骚扰买家，如要求买家给好评或者因纠纷等原因谩骂买家。这种行为严重影响买家的私人生活，对于这种恶意骚扰的行为，违规 1 次警告，违规 2 次及以上冻结账户 3 天，情节特别严重的冻结账户 7~14 天或关闭账户。

严重扰乱平台秩序

严重扰乱平台秩序就是说恶意规避平台规则或监管措施的行为，通过恶意违规等方式干扰其他用户正常交易行为，或者其他方式严重扰乱平台秩序的行为。对于严重扰乱平台秩序的行为，平台根据情节严重程度给予冻结或关闭账户的处理。

不法获利

不法获利指卖家违反"速卖通"规则，涉嫌侵犯他人财产权或其他合法权益的行为。对于不法获利的行为，平台一律给予关闭账户的处理。不法获利行为包括但不限于以下情形：

◎ 卖家在交易中诱导买家违背"速卖通"正常交易流程操作获得不正当利益的；

◎ 卖家通过发布或提供虚假的或与承诺严重不符的商品、服务或物流信息骗取交易款项的；

◎ 卖家违反"速卖通"规则被关闭账户后仍注册，或直接或间接控制、使用其他账户的；

◎ 卖家违反"速卖通"规则，通过其他方式非法获利的。

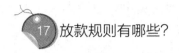

17 放款规则有哪些？

放款规则包括一般放款和特别放款，一般放款的订单交易结束后，要等买家确认收货或确认收货超时后才能放款。如"速卖通"依据合理判断相信订单或卖家存在纠纷、欺诈等风险的，"速卖通"有权延长放款周期。特别放款的订单在发货3天后即可提前放款，放款比率70%～97%，实际放款比率根据店铺经营表现有所不同，如表2-6所示。

表2-6

账号状态		放款规则		
		放款时间	放款比率	备 注
账号正常	已经进入特别放款计划	发货3个自然日后	70%～97%	1. 实际放款比率根据账号经营表现有所不同 2. 3%～30%的保证金释放时间见下方特别放款保证金释放时间表
	未进入特别放款计划	交易结束后	100%	交易结束：买家确认收货/买家确认收货超时
账号关闭		发货后180天	100%	无

剩余的3%～30%的保证金释放时间如下表2-7所示。

表2-7

条 件			释放时间
物 流		交易结束-发货时间	
商业快递＋系统核实物流妥投		无要求	交易结束当天
1. 商业快递＋系统未核实到妥投 2. 非商业快递		≤30天	发货后第30天
		30～60天	交易结束当天
		≥60天	发货后第60天

特别放款计划虽然能提前放款缓解我们的资金压力，但是并不是任何店

铺都可以加入的,它也不支持主动报名加入,主要是由平台邀请卖家加入。如果想收到平台的邀请,建议尽力完善店铺各项数据,如果店铺的纠纷、评价、拒付、退款等各方面数据表现好,就有可能会收到平台邀请。关于更多特别放款规则请参考以下网址:http://activities.aliexpress.com/tbfkjx.php。

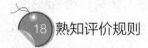 **熟知评价规则**

店铺的订单全部发货后,在交易结束 30 天内买卖双方均可评价,如果双方都未给出评价,则该订单不会有任何评价记录;如一方在评价期内做出评价,另一方在评价期内未评的,则系统不会给评价方默认评价。

成交金额低于 5 美元的订单,不管好中差评都不计入好评率。如果买家提起纠纷,无论什么类型的纠纷,只要买家点击退货,且买家在纠纷上升到仲裁前未主动取消纠纷,不管后续款项如何分配,买家如何评价,好评率和积分都不计算。另外黑五类产品即运费补差价、赠品、定金、结账专用链接、预售品等特殊商品,也不计入好评率。

除以上这些情况之外的评价,都会正常计算商品好评率、商家好评率、商家信用积分。不论订单金额多少,都统一为好评 +1,中评 0,差评 −1。信用评价积分决定我们店铺在什么等级,如图 2−2 所示。

Level	Seller	Buyer	Score	Level	Seller	Buyer	Score
L1.1			3~9	L2.3			2000~4999
L1.2			10~29	L2.4			5000~9999
L1.3			30~99	L2.5			10000~19999
L1.4			100~199	L3.1			20000~49999
L1.5			200~499	L3.2			50000~99999
L2.1			500~999	L3.3			100000~199999
L2.2			1000~1999	L3.4			200000~399999
				L3.5			400000分以上

图 2−2

想要让店铺等级提升,就要多获得评价提高得分。接下来我们介绍一下是如何计算得分的,"速卖通"的好评率和信用积分都以"自然句"计算,自然旬以美国时间为准分别为每月 1 日至 10 日，11 日至 20 日，20 日至 31 日，也就是每月分三次计算。如果一位买家在一个月内给我们店铺一个评价就计算一次，如果一个月内评价 10 次分别有好中差评，那就只计算三次好中差评各一次，这样做也是为了防止不诚信的买家刷好评率。

在卖家分项评分中，如果一位买家在一个月内，给我们店铺的商品描述评分、沟通质量及回应速度、物品运送时间合理性三项中某一项的多次评分只算一个。该买家在该自然旬对某一项的评分计算方法如下：平均评分 = 买家对该分项评分总和/评价次数（四舍五入）。

如果买家和卖家双方相互对各自的评价有异议，可以在评价生效后 30 天内联系对方修改，仅限于中差评改为好评，修改次数仅限 1 次。买卖双方也可以针对自己收到的差评进行回复解释，如果买卖双方沟通后同意修改评价，同时评价解释将被清空。卖家分项评分一旦买家提交，评分即时生效且不得修改。若买家信用评价被删除，则对应的卖家分项评分也随之被删除。更多"速卖通"平台的评价规则介绍请参考网址：http：//seller. aliexpress. com/education/rules/detail. html？ tracelog = rules_ homepage#appraise。

19 售后规则

既然要销售产品，肯定就需要做售后，做售后就要学会处理纠纷。如果我们不知道纠纷规则的话，也就无法做好售后服务。规则是死的，售后可以是活的，做售后最好的办法就是双方互利，以友好的态度沟通解决问题。

在介绍如何做售后之前我们先来看看"速卖通"官方的纠纷规则吧。

◎ 卖家发货并填写发货通知后，买家如果没有收到货物或者对收到的货物不满意，可以在卖家全部发货 5 天后申请退款（若卖家设置的限时达时间小于 5 天则买家可以在卖家全部发货后立即申请退款），买家提交退款申请时纠纷即生成。

◎ 当买家提交或修改纠纷后，卖家必须在 5 天内"接受"或"拒绝"买家的退款申请，否则订单将根据买家提出的退款金额执行。

◎ 如果买卖双方协商达成一致，则按照双方达成的退款协议进行操作；如果无法达成一致，则提交至"速卖通"进行裁决。

①买家可以在卖家拒绝退款申请后提交至"速卖通"进行裁决；

②若买家第一次提起退款申请后15天内未能与卖家协商一致达成退款协议，买家也未取消纠纷，第16天系统会自动提交"速卖通"进行纠纷裁决；

③若买家提起的退款申请原因是"货物在途"，则系统会根据限时达时间自动提交"速卖通"进行裁决。

◎ 对于纠纷，为提高买家体验和对全球"速卖通"平台及平台卖家的信心，全球"速卖通"鼓励卖家积极与买家协商，尽早达成协议，尽量减少全球"速卖通"的介入；如果纠纷提交至"速卖通"，"速卖通"会根据双方提供的证据进行一次性裁决，卖家同意接受"速卖通"的裁决；并且，如果"速卖通"发现卖家有违规行为，会同时对卖家给予处罚。

◎ 纠纷提交"速卖通"进行纠纷裁决后的2个工作日内，"速卖通"会介入处理。

◎ 如买卖双方达成退款协议且买家同意退货的，买家应在达成退款协议后10天内完成退货发货并填写发货通知，全球"速卖通"将按以下情形处理：

①买家未在10天内填写发货通知，则结束退款流程并交易完成；

②买家在10天内填写发货通知且卖家30天内确认收货，"速卖通"根据退款协议执行；

③买家在10天内填写发货通知，30天内卖家未确认收货且卖家未提出纠纷的，"速卖通"根据退款协议执行；

④在买家退货并填写退货信息后的30天内，若卖家未收到退货或收到的货物货不对版，卖家也可以提交到"速卖通"进行纠纷裁决。

以上的这些纠纷规则告诉了我们如何处理买家提出的退款申请，我们可以想一下买家为什么会申请退款呢？很可能是对产品不满意，或者是货物与描述不符、物流环节出问题等，如果因为某问题，买家提出纠纷，不仅仅要求申请退款，还会给出差评。一旦店铺的纠纷多，差评多，就会影响到店铺的DSR评分和买家不良体验率等情况，这样对店铺的影响就大了，几乎不会有店铺曝光和流量了，所以大家一定要遵守规则，做一个诚信的好卖家。

诚信做生意才能把生意一点一滴做起来，买家才会给予我们好评，店铺的纠纷率才会减少，这样的店铺才是优秀店铺，才能获得更多曝光机会。如果遇到纠纷也不要着急，这是在所难免的，只要友好地跟买家沟通协商，我相信一定可以得到好的解决方案。其实在接到订单后并不是发货就完事了，如果用心去打理店铺，肯定会注意到许多细节问题，俗话说，"细节决定成败"。

用心的卖家在给买家发货后会告知已经发货了，并感谢买家支持我们的店铺。这样做买家会感受到我们很关心他，在一开始就对我们的服务有好印象。同时，这也避免了后期可能会发生的纠纷。买家和我们沟通要及时回复，没有谁会有耐心等待那么久，这是建立良好客户关系的最佳时机。跟买家可以聊产品，也可以聊生活或者买家感兴趣的话题，这样买家对我们也会更加了解和信任。在后面买家收到货物后，我们提醒买家给了评价时，给我们好评的几率才会更大，他也很有可能会成为回头客。销售就和谈恋爱一样，我们对买家的付出总会得到应有的回报。

售后服务大家不要觉得很复杂，也不要有心理压力，把买家当作是自己的朋友就好了，朋友找我们买东西我们肯定会把最好的产品给他，并且还会包装得非常结实怕损坏了产品，或许我们还会为朋友付出更多。发货了肯定会告诉朋友并感谢他，顺便还可以聊聊天增进友谊，多么轻松愉快不是吗？如果给朋友发的货好几天了都没到，也会了解快递具体情况后，告诉朋友什么原因并说明什么时间会送到。朋友说产品有什么问题，也会互相协商妥善解决。

我们对自己的朋友和最亲近的人能够服务的这么好，难道还不会服务买家吗？只要是用心在做一件事，一定会知道怎样去解决的，处理纠纷最重要的是学会去沟通。

第三章

轻松搞定后台常用功能

要想顺利注册一家"速卖通"店铺，除了充分了解整个注册流程之外，还应该准备好开通店铺所需的资料，这样才能不打无准备之仗。注册好店铺之后我们还要熟悉卖家后台，以及订单管理功能的使用，这样操作起来才能得心应手。通过本章的学习，大家将初步了解"速卖通"卖家后台的常用功能，为迎接后续的工作做好充分准备。

第一节　注册账号开通店铺

20 如何注册一个账号

注册一个"速卖通"店铺很简单就和"淘宝"开店一样，只需填写基本资料，上传身份证件，绑定支付宝即可，首先我们打开"速卖通"首页 http：//seller. aliexpress. com/，点击"免费开店"，如图 3－1 所示。

在图中我们可以点击"免费注册"，也可以点击"免费开店"，打开注册页面，我们首先需要输入一个电子邮箱，如图 3－2 所示。

电子邮箱我们填写一个自己常用的邮箱即可，填写好邮箱之后输入验证码，然后点击"下一步"，这时平台会给邮箱发送一份邀请注册邮件，如图 3－3所示。

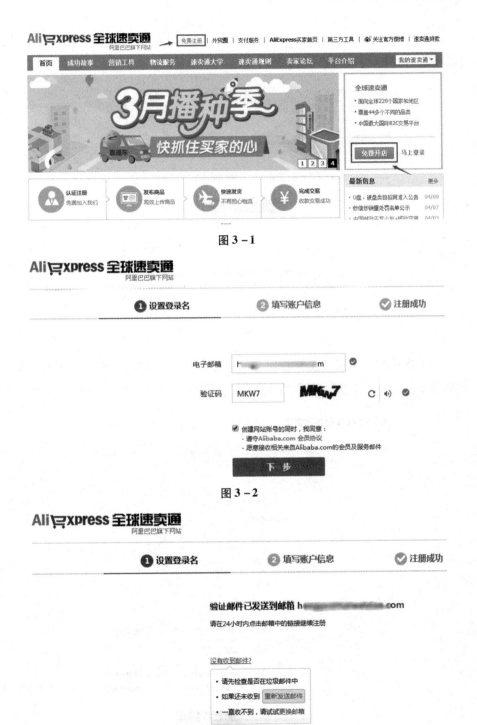

图 3－1

图 3－2

图 3－3

此时我们需要打开自己的邮箱，找到"速卖通"发的邮件，然后点击链接注册，如图3-4所示。

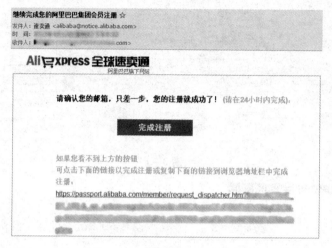

图3-4

点击图中的"完成注册"按钮，如果点击不了可以复制网页中的链接到浏览器地址栏中完成注册，点击之后填写好我们的资料，如图3-5所示。

图3-5

在图 3–5 中填写好自己的密码、英文名、手机号、联系地址、经营模式、在线经验后点击"确定"，此时我们手机会收到"速卖通"的短信验证码，如图 3–6 所示。

图 3–6

填写好检验码之后点击"确定"就注册成功了，下一步要做的就是实名认证，如图 3–7 所示。

图 3–7

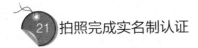 拍照完成实名制认证

实名认证可以选择个人认证和企业认证，这里大家根据自己的经营性质选择，点击认证后需要我们登录国内的支付宝，如图 3–8 所示。

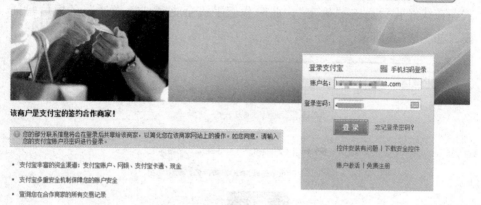

图 3-8

输入自己国内已认证的支付宝账号及密码点击"登录"即可，登录之后点击"授权"，那么整个注册过程就完成了。

支付宝账号提交完成认证后，个人卖家需要填写认证资料，大家一定要按照要求认真填写，这里的姓名和身份证要和之前绑定的支付宝持有人一致，如图3-9所示。

填写完姓名、身份证资料之后，按照要求进行拍照，拍出来的照片一定要高清的，手持身份证的照片必须能够看清楚本人，以及手持的身份证，所有步骤都完成之后点击"提交审核"即可，然后耐心等待"速卖通"1~3个工作日的审核，如图3-10所示。

正常情况下1~2天就可以通过了，如果收到通知没有审核通过，那么看是什么原因导致未通过的，一般系统都会告知，我们修改之后再次提交即可，通常拍照这个地方是未通过比较多的，所以拍出来的照片一定要高清，一般像素在500万以上的智能手机都可以拍得出来，大家一定要确保拍出来的照片除了能看清楚脸外，还要放大后能看清楚身份证。

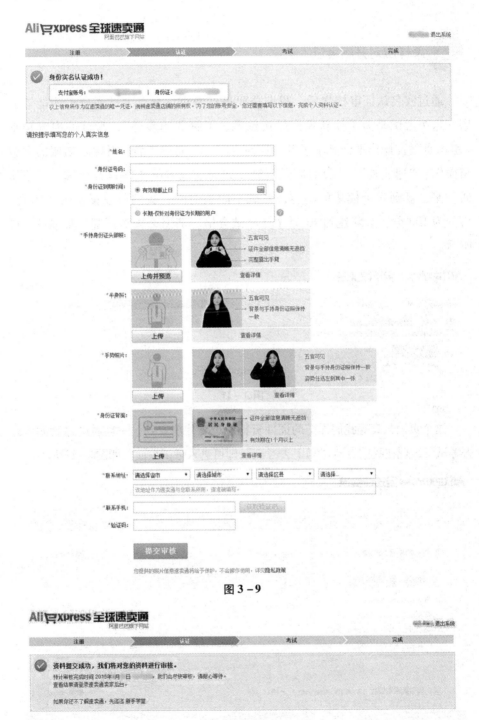

图 3 - 9

图 3 - 10

22 怎样应对开店考试？

通过实名认证审核之后，我们需要进行考试，只有考试通过了才能够开店，这个考试是为了让新卖家尽快熟悉、了解"速卖通"，考试的内容包括"速卖通"及操作平台基本了解、如何发布一个完整产品、对国际物流的了解与操作、"速卖通"平台如何做营销、如何通过数据了解提升店铺、"速卖通"平台规则六个模块的内容，考试不限制时间，我们可以慢慢考不着急，满分为100分，必须达到90分才算考试合格。那怎么去考试呢？如图3-11所示。

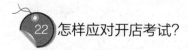

图 3-11

这个页面只有等我们提交的证件资料通过后才能看到，一旦通过之后就可以去考试了，现在我们点击"马上去考试"即可进入考试页面，如图3-12所示。

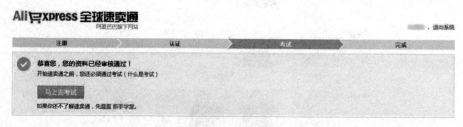

图 3-12

根据题目填写正确答案即可。我看到过很多新手朋友考试好几天都没有通过，为了帮助大家顺利通过考试，我总结整理了"速卖通"考试的题库，网址是 http：//bbs. haiwaixiao. com/thread － 131 － 1 － 2. html，如图 3 － 13 所示，大家可以依据此题库进行学习备考。

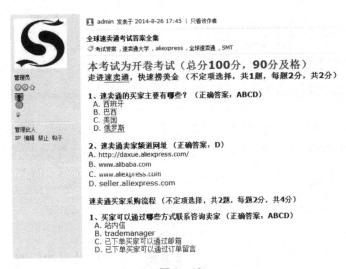

图 3 － 13

如果大家只想了解某道题的答案，我们只要单击键盘中的 Ctrl + F 键即可弹出查找功能，如图 3 － 14 所示。

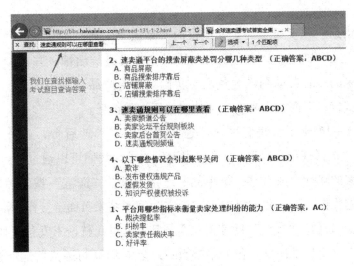

图 3 － 14

当我们想通过考试的时候，就到这个网页学习"速卖通"考试系统里面的题目即可，非常的方便快捷，考试通过后就可以看到自己得到多少分数，如图3－15所示。

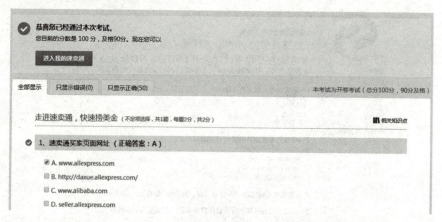

图 3－15

通过考试后，点击"进入我的"速卖通""，即可开启我们的"速卖通"之旅了。

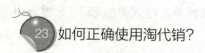 如何正确使用淘代销？

淘代销是"速卖通"为卖家提供的产品搬家工具，我们可以利用淘代销从"淘宝"、天猫快速批量地导入产品到"速卖通"店铺，并且淘代销可以将搬家过来的产品自动翻译为英文。我们只需给产品设置售价、物流等信息即可上架销售，下面我们来看一下如何使用淘代销吧。

如图3－16所示，我们进入"速卖通"卖家管理后台，点击"产品管理"——"选择代销产品"，即可使用淘代销了。我们可以通过输入"淘宝"或天猫卖家的昵称，或者某一个单品的链接，或者"淘宝"搜索结果页面链接即可一键代销，下面我们以输入"淘宝"搜索结果页面链接作为演示。

首先我们打开"淘宝"网搜索一个产品，这里我就搜索女包，如图3－17所示，这个页面就是搜索女包的结果页，之后我们复制浏览器地址栏的 URL 链接到淘代销，我们开始代销这个页面下的女包产品，如图3－18所示。

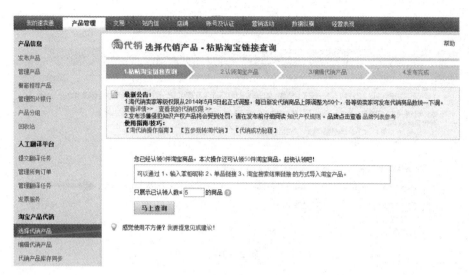

图 3 – 16

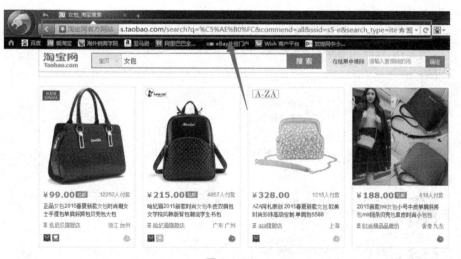

图 3 – 17

　　把链接复制之后下面可以选择已认领人数为多少人的商品，系统默认是已认领人数小于等于 5 的产品，如果我们想找到那些认领人数多的产品，可以输入具体数字，然后点击"马上查询"，即可看到可以认领的产品了，如图 3 – 19 所示。

　　在结果页我们看到有 200 页关于女包的产品可以让我们认领，我们可以依次点击查看，如果有满意的产品，我们点击右边的"认领"按钮，或选择

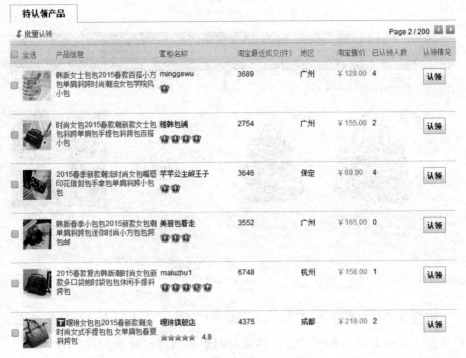

图 3-18

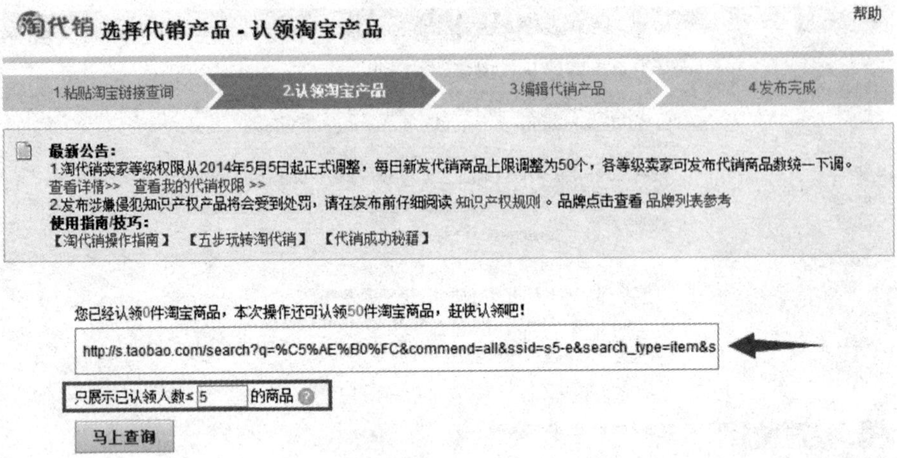

图 3-19

产品后点击左上角的"批量认领"按钮来完成,下面我们随便认领几个产品作为演示,如图 3-20 所示。

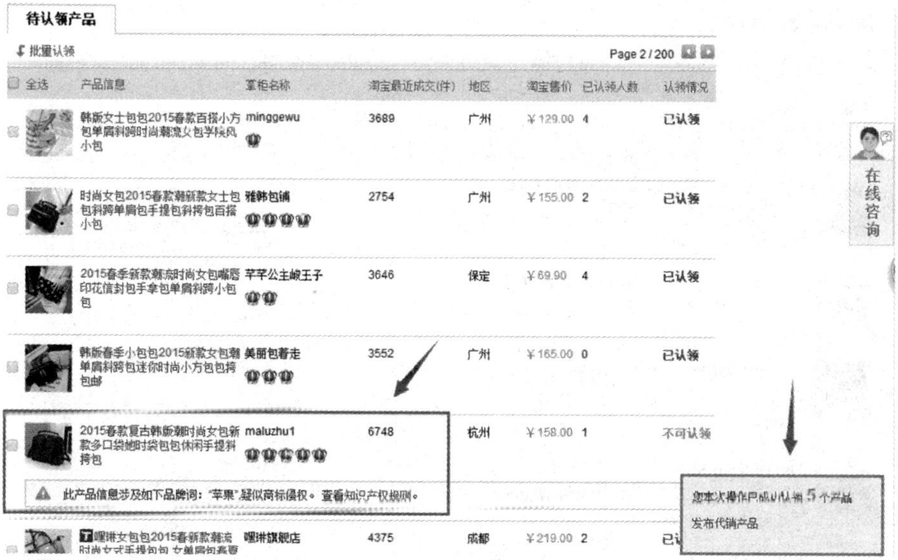

图 3-20

　　认领后我们发现有一个产品不可认领，系统提示说该产品涉及品牌词"苹果"，疑似商标侵权，像这种产品我们就不能认领发布了。如果大家想知道具体的原因，可以点击产品标题到"淘宝"看看产品是否带有苹果字样，经过我检查之后发现这个女包产品有一个颜色为苹果绿，这导致淘代销误认为其侵权了苹果的商标。了解了原因后，我们可以进一步判断是否要继续代销，确定之后我们点击图中右下角的"发布代销产品"，进入产品编辑页面。

　　如图 3-21 所示，来到已认领产品编辑页面之后，我们可以点击"取消认领"或打开"淘宝"商品页面，也可以点击产品标题或图片打开"淘宝"产品链接，在成本价这里会有个提示告诉我们该价格是怎么换算为合理的美元销售价格，这里的价格是还没有加上国际运费和产品利润的，需要我们对产品进行进一步编辑。我们点击产品后面的"编辑发布"，进入产品编辑页面把产品信息补充好之后点击"提交"，即可完成发布，发布之后产品会进入审核，如图 3-22 所示。

　　审核通常会在 1~3 个工作日内完成，审核通过后我们就要来设置一下代销产品的库存同步，如图 3-23 所示。

　　代销库存同步功能是和"淘宝"产品对接的，默认所有代销过来的"淘宝"产品，一旦修改了属性和库存状态，"速卖通"的产品也会同步自动修

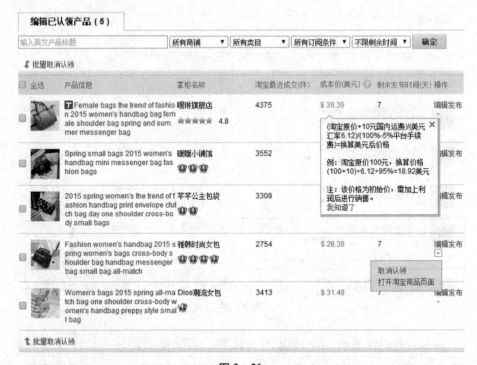

图 3－21

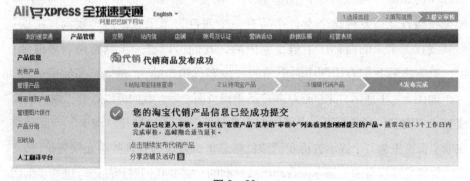

图 3－22

改，如果想要产品不同步可以点击第一步中的"选择不同步的代销产品"。同时，在第二步选择同步方式中可以选择"直接修改对应库存"，设置"淘宝"产品库存量少于等于多少时系统下架该淘代销产品，也就是说如果"淘宝"的产品无货了，我们"速卖通"的产品也会自动变为无货，"淘宝"的产品下架，我们"速卖通"的产品也会下架。下面一个功能是"生成库存报表"，

图 3 - 23

这里可以设置"淘宝"产品少于等于多少件时，系统生成对应产品库存状态的 Excel 表格，并将少于等于 0 件的产品标为红色，然后，我们自己去修改对应产品的库存。

怎样设置产品分组才最合理？

在给店铺产品分组时，我们要考虑买家的感受，一定要让买家在浏览店铺分组的时候能够一看就明白这个分组里面的产品是什么，所以我们不能够随便给分组取名字，我们一定要为买家着想考虑买家的购物体验，那么产品分组在哪里设置呢？

如图 3 - 24 所示，我们登录"速卖通"后台点击"产品管理"——"产品分组"就可以设置了，点击新建分组即可输入分组名称。正确填写分组名称的做法应该是按照商品分类来划分组别，例如女鞋有高跟鞋、拖鞋、运动鞋。这里我们以高跟鞋为例，高跟鞋可以分好几种类型，例如商务高跟鞋、性感高跟鞋、时尚高跟鞋等，那么给高跟鞋的分组就可以取名为商务女士高跟鞋、时尚女士高跟鞋，女士性感高跟鞋等。下面我把高跟鞋设置好的分组给大家浏览下，如图3 - 25所示。

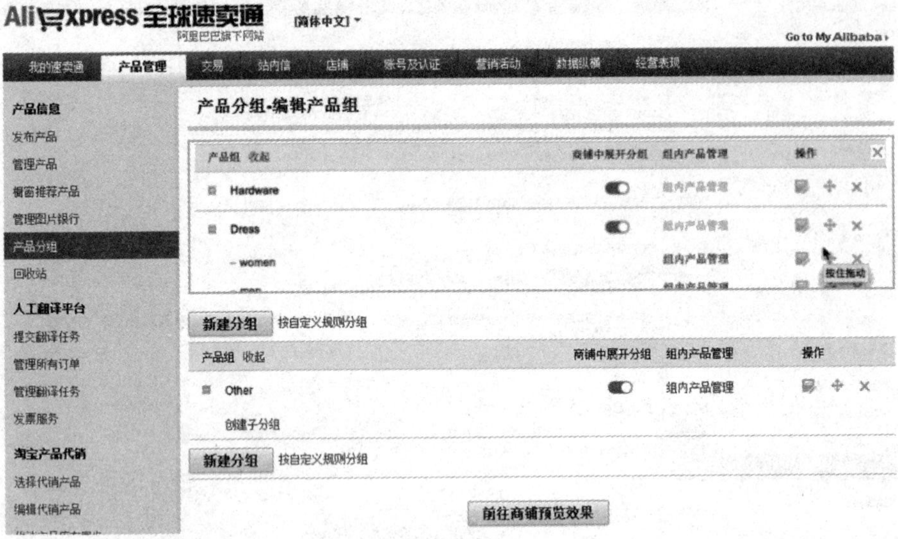

图 3－24

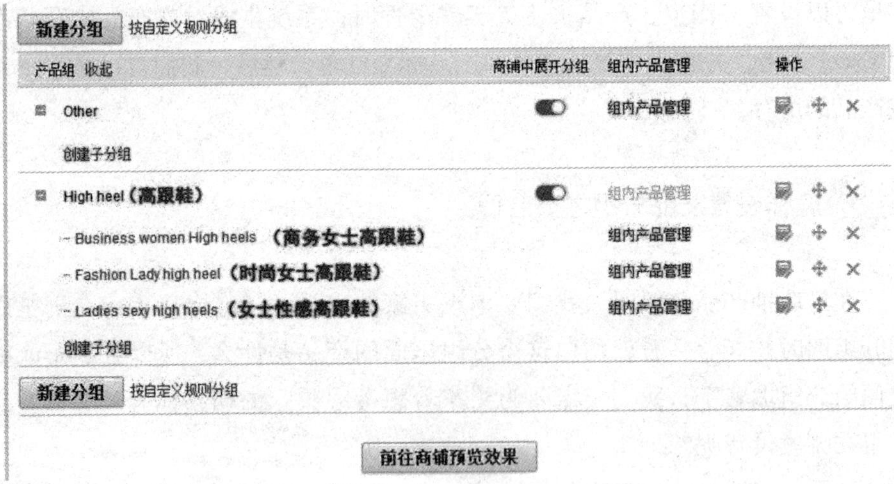

图 3－25

　　这样给产品分组买家可以获得很好的体验，让她们一看就知道这个分组是什么类型、什么风格、什么款式的高跟鞋。如果我们只设置一个高跟鞋的产品分组，里面有各种风格的高跟鞋，买家要找一款高跟鞋需要翻来覆去地看，会感觉非常吃力，这样的话买家停留的时间是不会太长的，所以照顾买家的体验至关重要。怎样让买家方便我们就怎样做，这样客户体验好了，自

然会多看几个页面，我们的浏览量也会提升，同时，客户看的页面多了停留时间自然也会越久，越利于搜索引擎捕捉到我们店铺，进而店铺和产品排名会相对靠前。

 发布10个产品后开通我们的店铺吧

考试通过后并不意味着我们店铺也开通了，想要开通店铺必须先发布10个产品。我们登录"速卖通"后台点击"店铺"——"开通店铺"，就可以看到提示，如图3-26所示。

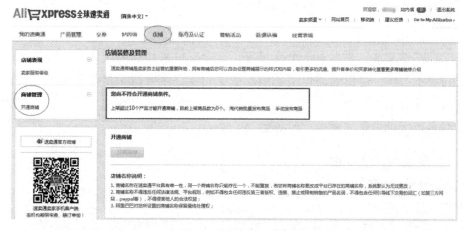

图3-26

我们可以选择用淘代销发布产品，也可以手动发布产品，其实10个产品很快就可以发布完成的。"速卖通"设置发10个产品才能够开通店铺，是为了让新卖家事先熟悉一下发布产品的流程，其实在我们还没开通店铺的时候发布的产品成交率是不高的，因为买家更愿意相信有店铺的卖家，就好比我们更愿意相信实体店，而不愿意相信地摊上的产品是一样的道理。所以各位卖家朋友上传完10个产品后要记得开通店铺。

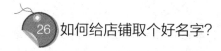 **如何给店铺取个好名字？**

当我们上传了10个产品后就可以开通店铺了，但在开通店铺之前我们需

要为店铺取名，店铺名字必须与经营商品相吻合，要能反映店铺的经营特色，使消费者易于识别店铺的经营范围，这样买家一看我们的店铺名字就知道我们店铺主要销售什么产品。比如我们是做女装的，那我们的店铺取名可以参考这个组合方式：公司名＋经营范围＋经营性质，比如红鱼女士服装批发店、红鱼女鞋零售专卖店等名称，这是最直观也最简单的取名方式。

店铺名称取好之后，我们还有机会可以每半年更改一次，店铺名称在"速卖通"是唯一的，不能够和其他店铺重复，如果我们店铺取的名称在"速卖通"平台已经有了，那么就不能取这个名称了，需要我们更改为没有重复的才能够生效。

27 如何注册并激活支付宝收款账户？

在"速卖通"后台有一个支付宝，这个支付宝和我们注册开店时填写的支付宝不一样，这里的支付宝是国际版支付宝，主要用于接收美金的，我们登录"速卖通"卖家后台点击"交易"——"资金账户管理"——"支付宝国际账户"即可激活账户，如图 3 - 27 所示。

图 3 - 27

在图 3 - 27 中点击"现在激活"之后，填写支付宝的支付密码，并验证手机号码，这样支付宝国际账户就开通了。

开通了支付宝国际账户后，我们还需要设置银行账户提现、支付宝账号提现，如图 3 - 28 所示，其中支付宝账号设置很简单，这里就不多介绍了，我们只要点击"设置支付宝账号提现"后根据提示登录国内的支付宝账号就可以成

功绑定了，这里重点介绍一下设置银行账号提现。在图 3 – 28 中点击"设置银行账号提现"之后，我们需要填写银行账号的基本信息，如图 3 – 29 所示。

图 3 – 28

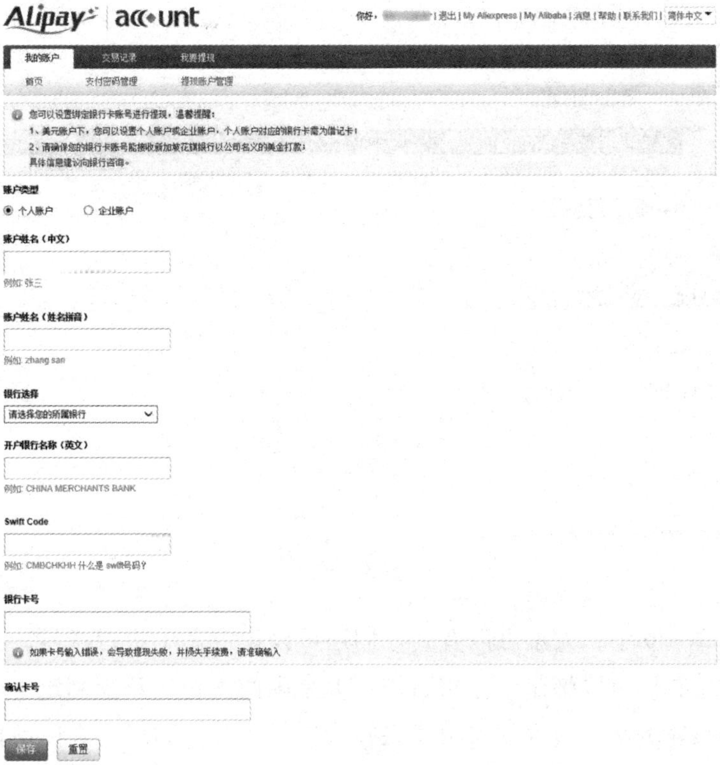

图 3 – 29

在图3-29所示页面，我们填写银行卡的基本信息，要注意的是我们填写的银行卡必须支持接收美金，同时还可以添加个人银行账户和企业银行账户。如果我们选择企业账户，那么必须有进出口权才能接收美元并结汇，且必须办理正式报关手续，并在银行端完成相关出口收汇核查、国际收支统计申报之后，才能顺利收汇、结汇。而个人美元账户只要能接收新加坡花旗银行公司对个人的美元打款即可。两种账户都必须是借记卡，不能是信用卡，我建议大家设置个人的美元收款账户，这样不涉及报关和进出口权等问题，比较便捷。

在填写账户信息时有一个地方需要我们填写 Swift Code 码，如果不知道 Swift Code 码是什么意思可以点击一下填空下方的"什么是 Swift 号码"，对其进行简单了解，其实 Swift 号码类似于我们寄快递的邮政编码，关于 Swift 号码可以咨询我们办理银行卡的银行，打电话问银行的工作人员，他们会告诉我们 Swift 号码的。设置好了后，大家就可以看到我们绑定的账号了，如图3-30所示。

图3-30

在图3-30中，大家可以看到我们还可以设置2个银行账号，在支付宝国际账户中我们可以绑定3张银行卡，但是国内支付宝只能绑定1个，银行卡主要用来收美金，国内支付宝用来收人民币。我们如果要人民币提现是不收手续费的，要是美金提现那么每笔收取 USD 15 美金手续费，也就是不管你

提现多少金额的美金，每笔手续费都要收 15 美元。

28 如何下载并安装 TradeManager 聊天工具？

很多新卖家不知道"速卖通"还有一个通信工具 TradeManager，其实 TradeManager 是阿里旺旺的国际版，主要是阿里巴巴出口通或"速卖通"用户与国外买家沟通使用的即时通信工具。我们可以用"速卖通"账户登录 Trade-Manager 与"速卖通"的买家沟通。具体操作如下：首先我们百度查找 TradeManager 并将其下载到电脑，也可以直接打开 TradeManager 的官网地址：http：//trademanager. alibaba. com/，如图 3 - 31 所示。

图 3 - 31

在此界面我们可以选择 Windows 和 Mac 系统的程序，之后点击 Download Free 进行下载，下载完成并安装后，我们选择阿里巴巴国际站登录即可，如图 3 - 32 所示。

登录账号和密码分别输入我们的"速卖通"账号和密码即可，点击"登录"之后，我们最好能够保持经常在线，方便买家及时联系我们，在和买家沟通过程中不会英语的卖家可以使用翻译工具和国外买家沟通。

图 3 - 32

第二节　后台常用功能介绍

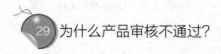为什么产品审核不通过？

很多新卖家朋友由于产品刚刚接触"速卖通"会遇到发布的产品无法通过审核的问题，那么到底是什么原因导致产品无法通过审核呢？主要原因就是我们很多细节的地方没有注意，这些问题的症结系统在审核不通过时都会提示我们，那么在哪里可以看到这些审核不通过的产品呢？

如图 3 – 33 所示，在"产品管理"——"管理产品"中，我们可以找到审核不通过的产品，在每个产品后面的最后更新时间大家可以看到一个黄色的图标"Return Reason"，我们点击一下就可以知道产品为什么无法通过审核了，那现在我们点击第一个产品来看看它审核不通过的原因是什么。

图 3 – 33

如图 3 –34 所示，我们看到的提示信息是此信息的图片上涉嫌侵犯其他

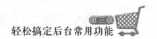

公司知识产权（商标/著作权），或有被涂抹过隐藏的文字或图形商标。这提示的意思是我们发布的产品图片有侵权其他公司的商标，或者文字/图片商标经过 PS 涂抹过，到底是不是说的这样呢？我们打开这个产品检查一下看看。

图 3-34

如图3-35所示，产品描述有一张图片显示英文 Dior 字母，为了验证它是不是其他公司的品牌我们百度搜索一下吧。

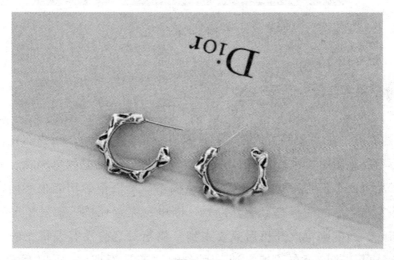

图 3-35

如图 3-36 所示，我们发现 Dior 确实是一个品牌，那么这就是我们产品审核不通过的原因了。审核不通过比较常见的是淘代销发布的产品，因为淘代销直接就把产品复制到"速卖通"店铺，很多新手朋友一不注意就发布了。当然产品审核不通过比较常见的原因就是标题、关键词、描述、图片侵权了其他公司的品牌，所以以后在发布产品的时候要注意是否侵犯了他人的品牌或者知识产权。如果我们有某产品的授权许可证明，可以把授权许可证明提

交给"速卖通",验证成功后就可以正常发布产品了。

图 3－36

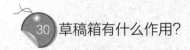 草稿箱有什么作用?

　　"速卖通"的草稿箱可以临时存放没有编辑完的产品,当我们在发布页面进行产品编辑时,系统每 15 分钟会自动保存一次信息到草稿箱,如果在发布产品页面点击保存也可以保存到草稿箱。草稿箱的功能很实用,比如我们在发布产品的时候遇到突然断网、断电、无意死机等突发情况我们都不必担心,当电脑再次开机后只要来到草稿箱对之前没有编辑完的产品进行补充即可。草稿箱在"速卖通"后台的"产品管理"——"管理产品"中,如图 3－37 所示。

　　草稿箱保存产品的数量是有限的,上限为 20 个,而且它只能为我们保留 15 天,15 天后会自动删除,所以我们有产品在草稿箱的,请在 15 天内编辑好然后发布。

图 3 – 37

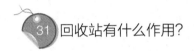
回收站有什么作用？

回收站里面主要是被删除的产品，被删除到垃圾箱的信息，24 小时后才能恢复，如图 3 – 38 所示。

图 3 – 38

在图 3 – 38 中我们可以看到有 227 个产品在回收站，如果我们想要恢复某个产品点击后面的"恢复"按钮产品就可以恢复了。

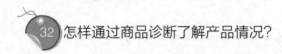怎样通过商品诊断了解产品情况？

商品诊断可以分析出产品存在哪些问题，例如：重复铺货、类目错放、属性错选、标题堆砌、标题类目不符、运费不符等情况，我们可以在"速卖通"后台点击"产品管理"——"诊断中心"——"商品诊断"查看，如图 3 – 39 所示。

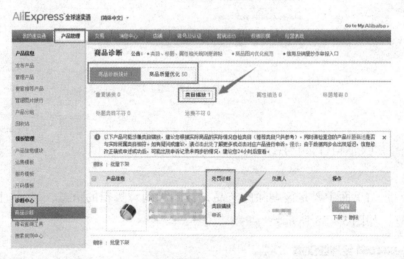

图 3 – 39

在"商品诊断统计"中我们可以看到发布的产品有哪些地方需要修改的，如果有需要修改的产品，我们可以在处罚诊断中了解产品有什么问题，随后及时去修改好即可，如果我们不修改有问题的产品会对搜索排名有影响。另外一个"商品质量优化"中我们可以看到哪些商品需要优化，如图 3 – 40 所示，有 50 个产品存在问题，我们点击一下看看是什么问题。

点开商品质量优化后，我们发现店铺内有 50 款产品关键属性缺失，这意味着产品在发布的时候有些属性没有填写完整，这时我们可以点击"编辑"进入产品编辑页面，看看有哪些属性没有填写完整，如图 3 – 41 所示。

在图 3 – 41 中有"绿色感叹号"标记的就是我们没有填写完整的属性，我们把这些补充完整后就可以发布产品了。如果不填写完整产品的信息会影

图 3 –40

图 3 –41

响我们的搜索排名，甚至会影响曝光量，所以各位卖家在发布产品的时候一定要注意把属性填写完整，不要为了求快而导致商品发布质量不高。

　　属性选择的时候一定要仔细，我们就拿包包举例，它的装饰品有蝴蝶结、蕾丝等，假如这个包包是蕾丝的装饰，那么选择蕾丝就好了，如果产品是蕾丝的我们还把蝴蝶结勾选上了，那么买家搜索蝴蝶结的女包找到我们的产品，进入我们的店铺后发现产品图片并没有蝴蝶结马上就会关闭网页了，这会对我们的产品造成不好的影响，导致停留时间短，退出本店率高，严重的还会

拉低整店数据，搜索引擎会认为我们的产品不受买家欢迎，那么就不会给产品太多的流量，所以大家在发布产品的时候一定要认真填写属性。

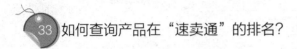

33 如何查询产品在"速卖通"的排名？

很多朋友开店很久了都不知道怎样查询店铺产品排名，现在我给大家介绍的这个排名查询工具就可以帮助大家查询自己店铺产品的排名情况。我们在"速卖通"卖家后台的"产品管理"——"诊断中心"—"排名查询工具"中可以看到此工具，目前通过该工具我们能查询到某关键词下我们店铺产品在前 20 页搜索结果中的占比和排名，如图 3－42 所示。

图 3－42

我们要查询产品的排名可以在关键词输入框中输入我们想要查询的关键词，了解我们的某个产品在前 20 页搜索结果中是否有排名，查询过的关键词都会在图中的"您查询过的关键词"中显示，在图 3－42 中的"马上查询"下方可以看到我们查询的关键词在搜索结果中有 3 688 911 个产品在竞争这个关键词，其中前 20 页我们店铺有 6 个产品有排名，我们看到第 1 个产品大约排名在第 1 页的第 23 名，第 2 个产品在第 2 页第 8 名的位置。当然排名查询

工具查到的排名可能与搜索结果页的排名有差异，如果想准确知道产品排在哪个位置，可以点击展示页排名的"约第几页"，进入搜索结果页查看具体排名位置。

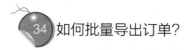

34 如何批量导出订单？

"速卖通"推出订单批量导出工具是为了提升卖家的订单管理效率。有时候我们店铺的订单可能很多，管理起来不方便，此时，我们就可以使用订单批量导出工具把买家的信息导出为表格进行管理。

如图3-43所示，在"速卖通"后台点击"交易"——"订单批量导出"，就可以对订单进行相应操作。选择日期后下面可以选择交易订单信息和物流信息，我们可以通过选择下单时间或付款时间来筛选要导出的订单，在这两项信息下具体要导出哪些信息大家可以自行选择，选择后点击"订单批

图 3-43

量导出",等待一会儿系统就会自动生成一个表格,如图 3 – 44 所示。

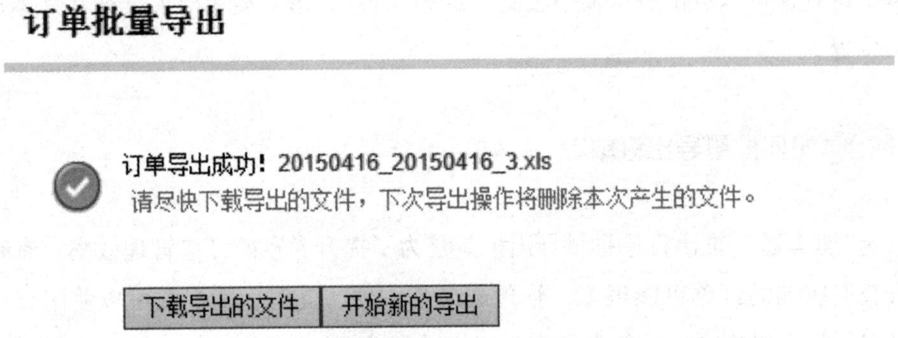

订单批量导出

 订单导出成功! 20150416_20150416_3.xls
请尽快下载导出的文件,下次导出操作将删除本次产生的文件。

下载导出的文件　开始新的导出

图 3 – 44

订单导出成功后,我们可以点击"下载导出的文件",及时将导出的表格下载到我们电脑上,下载的文件里面包括了我们选择的交易信息,如图 3 – 45 所示。

1	订单号	订单状态	负责人(业务员)	买家名称	买家邮箱
2	66███73 █	等待您发货	████	Ju██ M██wa	juli█mihe█@█ndex.ru
3	6█████56 57	等待您发货	████	A██na N███si	an█████ail.com
4	66█████74 69	买家下单成功	████	lo██ █nco	ioli██@█o.com.br
5	66██16 12	买家下单成功	████	nu██gul	niku██@█ail.ru
6	66███2 50	等待您发货	████	A██N	finda██@█ail.com

图 3 – 45

下载过来后我们就可以在表格看到订单状态、买家名称、买家邮箱、联系电话、物流费用、订单金额等信息。有些卖家朋友可能会经常给买家发邮件,那么可以在导出订单信息中提取邮箱给买家发一些促销邮件,另外在订单状态这一栏我们可以筛选查看订单状态,以便做后续跟踪,如图 3 – 46 所示。

打开表格点击"筛选"之后,选择表格中 B 列下面的小三角即可选择订单状态,比如我们想要看等待买家收货的订单,那么就选择这项即可,选择

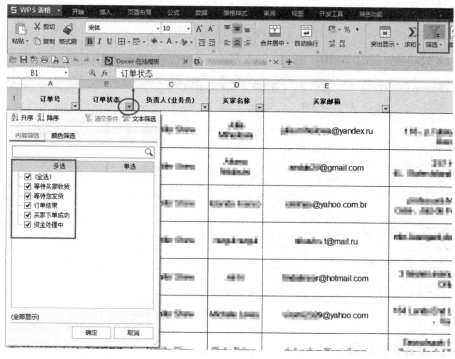

图 3 - 46

后表格显示出来的就只有等待买家收货的信息了。在表格后面我们可以查看到买家选择的物流以及给买家发货的运单号信息，方便我们快速找到运单号来批量查询跟踪物流信息，是不是非常方便呢，赶紧去下载试试吧。

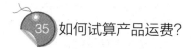
35 如何试算产品运费？

很多新卖家刚刚做"速卖通"可能不知道怎样给产品计算运费，其实在"速卖通"后台的"交易"——"物流方案查询"中就能够试算运费，我们可以根据不同的物流服务来试算运费。

如图 3 - 47 所示，物流方案查询不仅可以试算运费，还可以看到不同物流方案的介绍，有兴趣的朋友可以点击图上面的物流方案了解一下。这里我们来介绍下如何试算运费。

首先第一步选择物流服务，这里就以中国邮政的物流作为演示。如图3 - 48所示，我们选择了中国邮政挂号小包、中国邮政平常小包＋，当然我们

也可以全选所有物流方案查询。接下来选择发货省份和收货国家，图中选择的收货国家是美国，选择好了后第二步设置包裹信息，如图 3 - 49 所示。

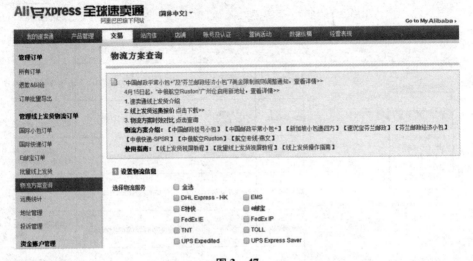

图 3 - 47

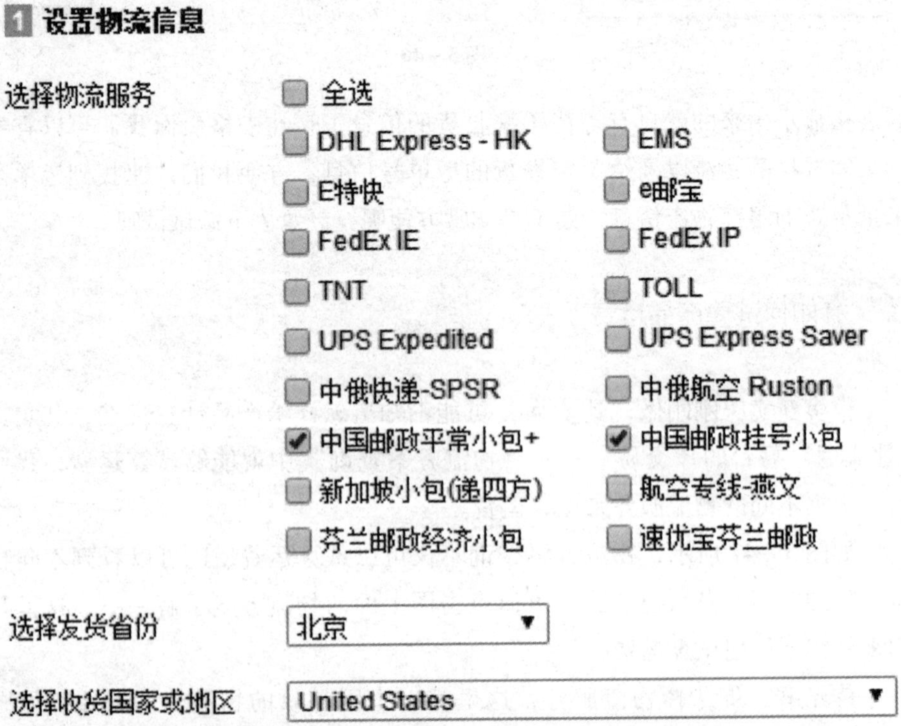

1 设置物流信息

选择物流服务

- [ ] 全选
- [ ] DHL Express - HK
- [ ] EMS
- [ ] E特快
- [ ] e邮宝
- [ ] FedEx IE
- [ ] FedEx IP
- [ ] TNT
- [ ] TOLL
- [ ] UPS Expedited
- [ ] UPS Express Saver
- [ ] 中俄快递-SPSR
- [ ] 中俄航空 Ruston
- [x] 中国邮政平常小包+
- [x] 中国邮政挂号小包
- [ ] 新加坡小包(递四方)
- [ ] 航空专线-燕文
- [ ] 芬兰邮政经济小包
- [ ] 速优宝芬兰邮政

选择发货省份　　　　北京　▼

选择收货国家或地区　United States　▼

图 3 - 48

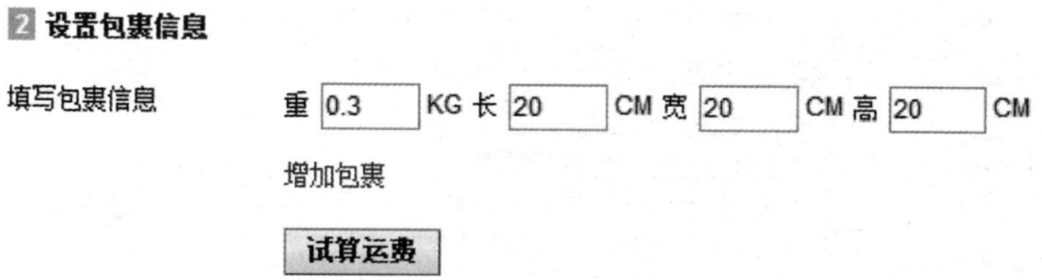

2 设置包裹信息

填写包裹信息　　重 `0.3` KG 长 `20` CM 宽 `20` CM 高 `20` CM

增加包裹

试算运费

图 3 – 49

首先填写产品的重量，图中我填写的是 0.3 千克也就是 300 克，然后再填写包裹的长宽高就可以了，点击"试算运费"就可以看到一个 300 克的产品从北京发到美国要多少钱了，如图 3 – 50 所示。

方案查询结果

服务名称	参考运输时效	交货地点	试算运费❓	标准运费折扣
中国邮政平常小包+	15-60天	交货到中邮北京仓	CN¥ 24.30	合约价
中国邮政挂号小包	15-26天	交货到中邮北京仓	CN¥ 33.80(含挂号费)	约标准运价9.5折

▼ 展开

图 3 – 50

由于只选择了两个物流方案，所以结果就只展示两个物流的运费信息，这个 300 克的产品如果选择中国邮政平常小包 + 发到美国需要 24.3 元人民币运费，挂号小包要 33.8 元人民币，这就是试算运费的整个过程，非常简单就把运费计算出来了，大家不懂如何计算的就到这里试算运费吧。需要注意的是这个运费是试算运费，并不包括我们把货物通过国内快递发送到交货地点仓库的费用。

36 如何使用站内信?

站内信里主要包括了消息、订单留言、系统消息、成长之声、消息黑名单 5 个功能，我们先来了解下第一个消息的功能，如图 3 – 51 所示。

我们可以通过消息功能接收到买家给我们发送的消息，在消息功能中我们可以看到有标记为、打标签、批量回复、加入黑名单 4 个小功能。接收到的消息我们可以标记为未回复或已回复，比如第一条消息就是未回复的，下

我的速卖通
产品管理
交易
站内信
店铺
账号及认证
营销活动
数据纵横
经营表现
站内信
消息 (1)
订单留言 (1)
系统消息 (13)
成长之声
消息黑名单
速卖通官方微博
消息
站内信搜索
搜索
筛选
标记为
打标签
批量回复
加入黑名单
回复状态
来自于
消息内容
打标签
时间
未回复
JULIE GUILLOU
Pouvez vous le renvoyer les étapes je n'y arrive pas
1mins
Rosane Martins
Hi,dear friend!! I'm so sad to see your neutral feedback! It is so s
1hours
karunakaran ninthuya
Hi,dear friend!! I'm so sad to see your neutral feedback! It is so s
1hours

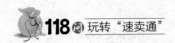

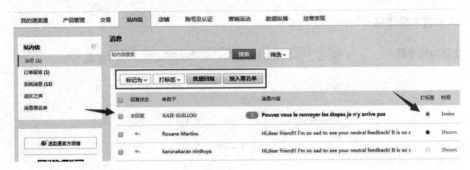

图 3－51

面有箭头符号的都是已经回复的。此外，我们还可以给一些非常重要的消息打标签，标记为某种颜色，以免错过重要消息，这个有颜色的标签在图的右边可以看到。再者如果消息过多我们还可以批量回复消息，全选消息后点击“批量回复”按钮就可以回复给我们选择的买家了。

如图 3－52 所示，在信息内容中输入想要对买家说的话就可以给他们发送消息了，这里还可以添加表情以及上传图片，把内容输入完成后点击“发送”即可。另外在图 3－51 中还有一个加入黑名单功能，如果在消息中发现有骚扰信息，我们可以将此联系人添加到黑名单。接下来我们来了解下订单留言。

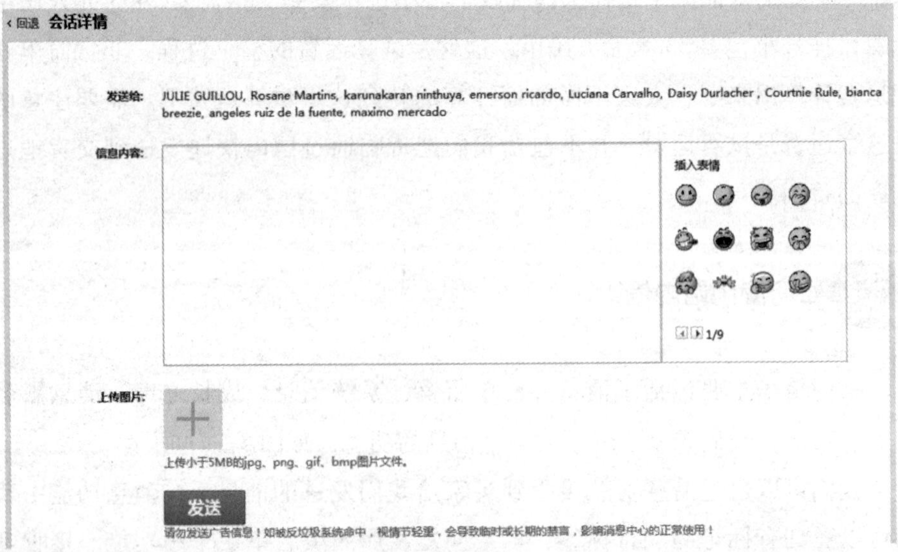

回退 会话详情
发送给:
JULIE GUILLOU, Rosane Martins, karunakaran ninthuya, emerson ricardo, Luciana Carvalho, Daisy Durlacher , Courtnie Rule, bianca breezie, angeles ruiz de la fuente, maximo mercado
信息内容:
插入表情
1/9
上传图片:
上传小于5MB的jpg、png、gif、bmp图片文件。
发送
请勿发送广告信息！如被反垃圾系统命中，视情节轻重，会导致临时或长期的禁言，影响消息中心的正常使用！

图 3－52

如图 3-53 所示，在订单留言中我们可以收到买家发送的消息，还可以看到每笔交易的订单状态，是等待您发货、等待买家收货、等待买家付款、已结束的订单或是含纠纷的订单等，能非常清晰直观地看到每笔交易订单的信息，方便我们高效率地处理订单留言。如果想要详细了解订单交易详情可以点击订单的图片或标题进行查阅。

图 3-53

另外，站内信中的系统消息和成长之声都是"速卖通"官方发布的一些重要消息，我们一定要随时关注官方的最新动态，这里我就不做介绍了。最后一个是消息黑名单，在这里我们可以看到被加入黑名单的买家，如图 3-54 所示。

	名称	时间
移出黑名单		
☐	名称	时间
☐	rtre hfg	2015-02-01
☐	sdgds dxgzsdg	2015-03-26
☐	abel David	2015-03-30
☐	abel John	2015-03-30
☐	abel John	2015-04-07

图 3-54

加入黑名单的买家给我们发送消息我们是看不到的，一般情况下我们会把给我们发一些骚扰消息的人拉入黑名单，如果有误操作将普通买家拉到黑名单的我们可以勾选该买家，点击"移出黑名单"，将其移出黑名单。

37 如何查找店铺产品？

如果我们店铺上传了很多件产品，我们想要从中找到一件产品来优化是非常费时间的，比如我们看到一个产品出单比较少，想在产品管理中找到这个产品优化一下，翻了好多页才能够找到，非常麻烦，有没有快速找到产品的办法呢？答案是有的。我们可以通过搜索产品的标题、产品 ID 编号、商品编码快速找到这个产品，其中最快的办法就是查找产品 ID 编号，因为每一个"速卖通"的产品都有一个唯一的 ID 编号，所以不会有重复，那么怎么才能找到产品 ID 编号呢？

首先我们要打开产品的链接，如图 3 – 55 所示，产品图片下面的 Product ID 后面的数字就是产品的 ID 编号，我们可以用这个编号到后台产品管理中快速查找这个产品。

图 3 – 55

如图 3 - 56 所示，在"产品管理"——"管理产品"的草稿箱下面有一个输入框，我们在这个输入框填写产品 ID 编号之后点击"搜索"就可以快速查找到这个产品，并且只显示这一个产品，这样就方便我们快速定位到此产品，节约了很多找产品的时间，大大提高了工作效率。

图 3 - 56

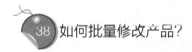 如何批量修改产品?

有时候很多产品需要修改就可以用到批量修改产品这一功能，比如可以为每一个或多个产品批量修改负责人、批量修改产品分组、批量修改发货期、批量延长有效期、批量橱窗推荐、批量下架产品等。批量修改产品功能对于我们卖家来说方便省事，当然产品还有很多地方都是可以批量修改的，我们一起来看看具体如何使用的吧。

如图 3 - 57 所示，批量修改产品功能在"产品管理"——"管理产品"这里，我们可以把自己要修改的产品勾选上，然后选择上面的各项功能来实现对产品的修改，因为删除即把勾选上的产品删除，分配负责人即把勾选的产品分配给某个负责人，调整产品组即把产品调整到某个分组，一键延长有效期即把产品有效期延长，这些操作都比较简单，大家一看就会使用了，所

以不做太多介绍。这里主要介绍批量修改、一键修改发货期、其他批量操作三个功能。首先我们介绍下批量修改功能,我们把需要批量修改的产品勾选上点击"批量修改",就可以修改产品很多信息了。

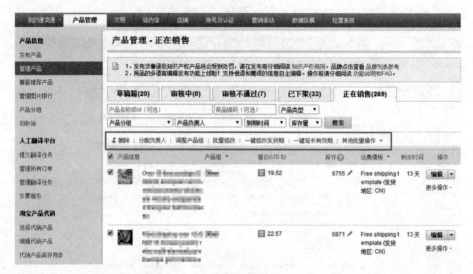

图 3 - 57

如图 3 - 58 所示,批量修改里面可以对产品标题、关键词、销售单位/方式、包装重量、包装尺寸、产品信息模块、服务模板、运费模板、零售价进行修改,我们要修改某个地方就点击某个地方上面的修改即可,批量修改标题可以给标题开头或结尾添加关键词,也可以把标题中的某个关键词替换为其他关键词,如图 3 - 59 所示。

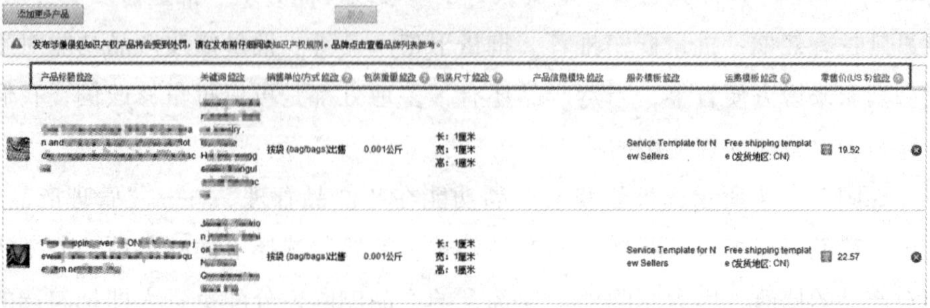

图 3 - 58

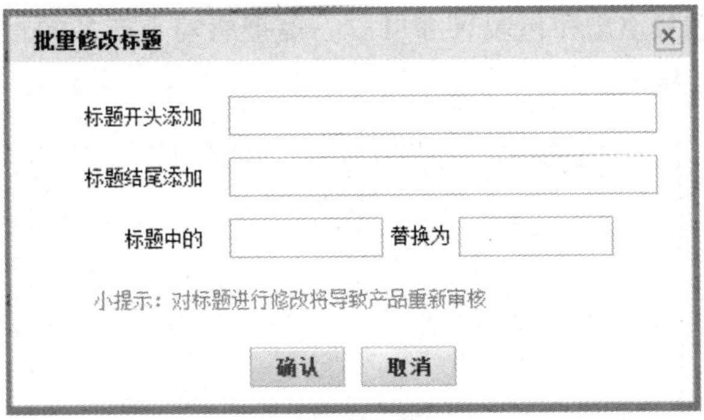

图 3-59

批量修改关键词可以替换产品关键词也可以替换更多关键词，也就是我们在发布产品时标题下面的那三个关键词，如图 3-60 所示。

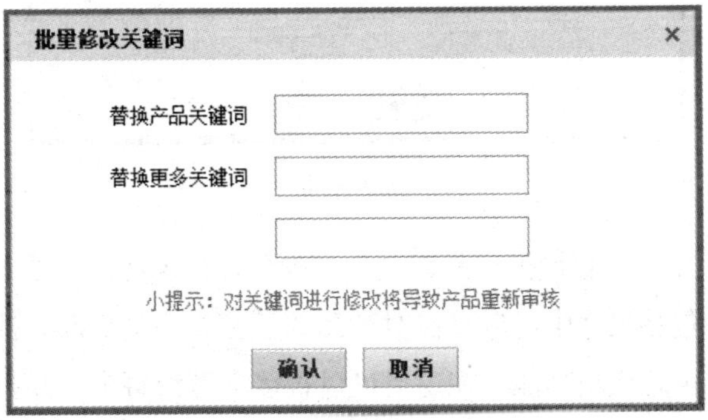

图 3-60

批量修改销售方式可以在最小计量单位中修改产品是按照件/个的单位销售，还是一包、一双、一吨等单位销售，销售方式中还可以选择打包出售，如图 3-61 所示。

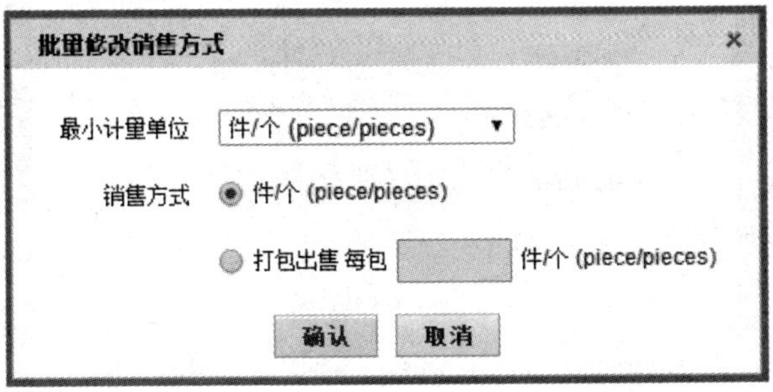

图 3-61

批量修改包装重量和包装尺寸可以一键把所勾选产品的重量和尺寸都改了，如图 3－62 所示。

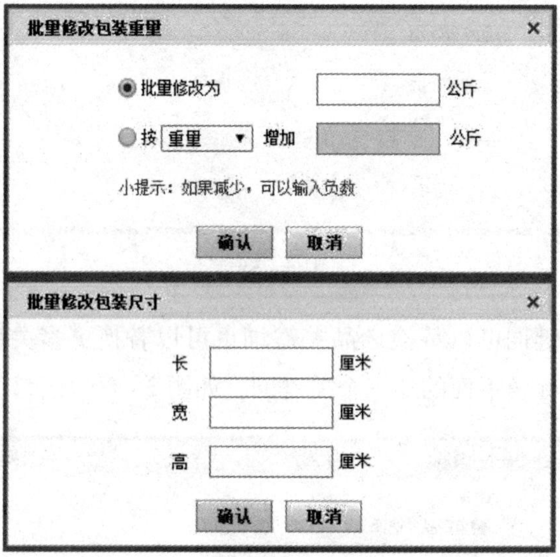

图 3－62

在包装重量中可以直接把产品修改为多少公斤，也可以在原有重量基础上增加多少公斤，在包装尺寸中可以直接对产品的长宽高一键更改。接着我们来看一下批量增加产品信息模块功能，在这里可以直接一键给每个产品批量顶部和底部加上产品信息模板，也就是产品的关联模块和自定义模块，如图 3－63 所示。

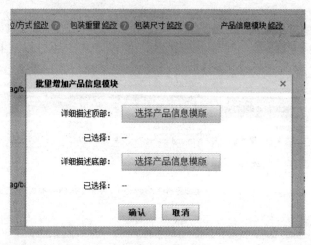

图 3－63

点击详情描述顶部中的"选择产品信息模板"即可把模板添加到产品描述的顶部，点击详细描述底部中的"选择产品信息模板"即可把模板添加到产品描述底部。这里我们点击顶部"添加"按钮，界面如图 3-64 所示。

图 3-64

此时我们选择关联产品模板后点击"确定"就把模板添加到产品描述顶部了。底部信息模板的操作与顶部信息模板一样在这我们就选自定义模块吧，当然我们也可以顶部、底部都选择关联产品模块或都选择自定义模块，选择好了后，系统会显示我们已选择的模块名称，如图 3-65 所示。

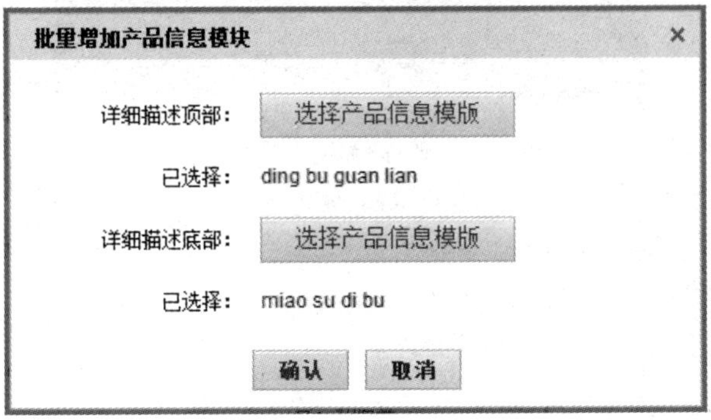

图 3-65

确认选择的模块无误后我们点击图中的"确认"按钮，那么所有产品就都增加了这两个产品信息模板了。后面的功能是服务模板和运费模板的修改，这两个也很简单一看就明白，我们就直接介绍最后一个零售价修改功能吧，点击"零售价修改"按钮后，界面如图3－66所示。

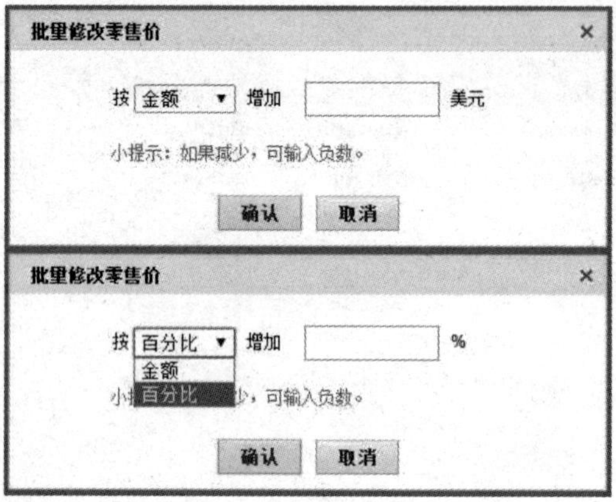

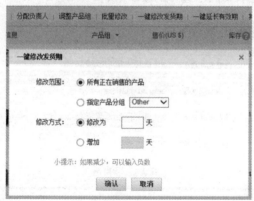

图 3－66

批量修改零售价有按金额、百分比两种方式，如果是按金额那么输入5即在原有产品价格基础上增加5美元，输入－5即降低5美元。百分比也是一样的，输入10即在原有产品价格基础上增加10%，输入－10即降低10%。

介绍完批量修改里的所有功能后我们再来了解下一键修改发货期，这个功能就是修改我们给买家发货的时间。

如图3－67所示，一键修改发货期的功能可以不用勾选产品直接点击之

图 3－67

后就会弹出此界面，在修改范围中可以选择所有正在销售的产品，也可以指定某个产品分组，下面的修改方式有修改为几天，如果修改为 15 天，那么产品发货期就是 15 天，还有一个增加几天，比如我们之前的产品都是 7 天发货期，这里我们选择增加 3 天，那么产品发货期就是 7 天 + 3 天 = 10 天。

下面我们介绍下其他批量操作功能，如图 3－68 所示，其他批量操作包括了批量橱窗推荐、批量下架两个功能，批量橱窗推荐即给勾选的产品加上橱窗推荐，批量下架即勾选的产品全部下架。

图 3－68

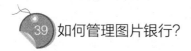 **39** 如何管理图片银行？

图片银行在"速卖通"后台的"产品管理"——"产品信息"——"管理图片银行"中，包括图片搜索、上传图片、新建分组、图片重命名、图片筛选等功能，可以帮助我们方便高效地管理产品图片，图片银行操作界面如图 3－69 所示。

来到图片银行第一行看到的就是已用空间，这里我们可以看到库中有多少兆的容量和已使用多少兆容量，现在所有新卖家的图片银行容量都为 5G，后面就是未引用图片数 294/13 199，这个 294 表示未引用图片数。再往下有个输入框，在这里可以输入图片名称进行搜索，快速找到某一张图片，后面有个按钮是"上传图片"最多一次可上传 6 张图片，如图 3－70 所示。

上传的图片不能大于 3MB，支持的图片格式有 Jpeg、Jpg、Gif、Png，图片上不能包含联系信息。在最下面还可以勾选给图片添加水印，图片选择完毕之后点击"上传"按钮即可。接下来我们还可以对图片分组进行管理，也

图 3 – 69

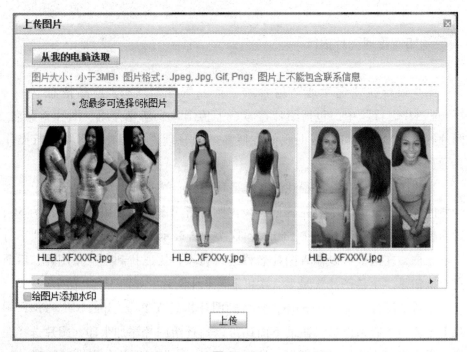

图 3 – 70

可以把图片删除、重命名、移动图片，如图 3 - 71 所示。

图 3 - 71

新建分组可以把不同类型的图片分组，比如衣服有连衣裙、外套等，那么我们可以新建一个连衣裙的分组，里面就存放连衣裙产品的图片，这样方便后期对产品图片进行管理。

◎ 新建分组：最多支持三层，每一个分组下最多能新建 50 个子分组。

◎ 删除：即删除分组，确定要删除的话，分组和下面的子分组全部会删除，当然只是分组删除了，图片不会被删除，这些图片将会被移动到未分组图片里。

◎ 重命名：如果想给分组改名字，那么可以双击分组，也可以选择分组后点击"重命名"按钮，然后输入分组名称即可修改完成。

◎ 移动图片：如果想要移动图片到其他分组，请勾选图片后点击"移动图片"，移动到指定分组。

最后一个功能图片回收站，如图 3 - 72 所示，图片回收站里面存放着被我们删除的图片，如果我们误操作把图片删除了，可以在回收站把误删除的图片还原。

图 3 - 72

第三节　订单交易管理功能介绍

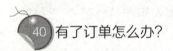 有了订单怎么办？

通常我们新开一个店铺接到第一个订单时都是非常高兴的，可是由于很多朋友并不知道怎样处理订单，也不知道怎样给国外买家发货，这导致大家既高兴又痛苦。那么我就带大家来看看店铺有了订单后应该做哪些工作。

第一步有了订单，这个时候资金还没有到账，订单状态会显示"资金未到账"，一般是 24 小时后到账，我们必须等资金到账了再发货哦。在资金还没有到账之前我们可以给买家发一封站内感谢信，告诉买家我们正在为他配货，预计多久给他发出，让买家对我们放心，也对我们的服务有个好印象。

第二步订单资金通过风控审核已经到账，此时订单会显示"等待您发货"，那么我们要在自己发布产品时设置的发货期内给买家发货，比如我们设置的是 15 天的发货期，我们就要在 15 天内给买家发货，否则后台会处罚我

们成交不卖。

如何备货呢？也很简单，我们在哪里代销产品就到哪里去拿货，一般在国内进货发快递 3 天左右就送到了，我们预留的 15 天发货期还是够用的，如果是新手刚刚开店建议设置 7 ~ 15 天，以免因为不熟悉而导致成交不卖。

第三步进的货已经到我们这里了，我们把产品打包好，尽量包装地结实点，因为发到国外要很久，经过很多次中转，难免会对产品有所损伤。但我们也要考虑到产品包装不仅要结实还要重量轻，因为重量很重的话我们付的运费就高了。

包装好了货物后找一家国际物流公司发货，一般情况下卖家使用最多的国际物流方式主要有国际快递、国际物流。国际快递主要包括：UPS、TNT、DHL、FEDEX、EMS、专线快递等。国际物流包括：国际小包、国际大包等。通常情况下大家都是选择线上发货或者找货代发货，我们通过这些渠道找到适合自己的物流发货即可。新手刚刚开始对这方面可能了解的不多，建议大家选择线上发货，线上发货很简单，只需要把产品寄到指定仓库就可以了，我们选择好物流方式后把发货面单打印出来贴在包裹外面，之后把包裹发到指定仓库就完成了。

第四步当发完货之后我们要在后台填写发货通知，让买家知道我们已经发货了，此时我们订单的整个发货流程就都完成了。由于发货到国外要很久，在给买家发货之后最好发站内信告诉买家货物已经发出，他可以通过运单号查询包裹情况，大概要多久送到他的手上，如果有问题让他随时联系我们等内容。货物运输期间我们要保持跟买家的联系，有什么问题随时解决，让买家对我们有个好印象，以便交易完成后收到好评。

41 买家拍下不付款怎么办？

在后台我们会发现有很多拍下产品未付款的订单，买家没有付款可能是担心我们的信誉问题，或者他拍下产品的同时又看到其他产品更好就没有买我们的产品反而买了别家的产品，又或者因为不知道如何付款和在付款的时候因为某些原因中断了，比如停电、开会、断网等情况，这时候就需要我们催促一下买家对订单进行付款了，否则买家很有可能会忘记。我们催促买家付款可以通过给买家发站内信或者用 TradeManager 联系买家，问清楚买家是由于什么原因未支付订单，如果因为不知道怎样支付就教他如何支付，如果是因为对我们公司不了解，我们可以介绍一下公司的实力，增加买家对我们的信心。如果我们给买家发的信息没有及时得到答复，那可以主动调低价格，价格调低后系统会发邮件通知买家，这样也会刺激买家付款，如果买家仍然未联系，有条件的可以通过电话和买家沟通。

42 为什么要风控过后才能发货？

当店铺有订单后我们也许会发现订单显示资金未到账，很多新卖家不知道什么情况误以为买家没付款，其实这笔交易订单买家是已经付款了，只是这笔资金还在"速卖通"的风控系统审核中而已，如图 3-73 所示。

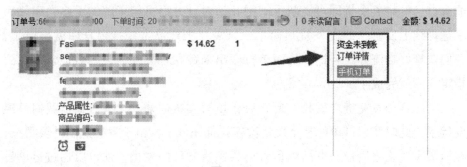

图 3-73

为什么"速卖通"要在 24 小时内通过风控系统审核资金呢？主要是为了保证卖家的资金安全，因为在线支付的不对称导致买家的身份我们无法知道，并且在线信用卡支付还有欺诈风险。根据发卡组织规定在使用国际卡进行网上支付时，如果交易过程中出现问题，持卡人可以在 180 天内提起拒付，所以有些恶意买家会在我们发货后提起拒付，那么这笔资金就会退回到买家账户。为什么资金会退回？因为买家可以给信用卡公司投诉说，付款未授权、商品与描述不符、未收到货、退款申请未处理等，要求信用卡公司退款，所以我们的订单资金都要通过风控系统审核。

当然我们也不要因为买家可以在 180 天内提起拒付而担心，因为买家想要提出拒付申请是有很多条件的，并不会那么简单。首先买家向发卡行提起拒付都要向银行缴纳一定费用。此外，由于不同发卡行接到买家的拒付投诉到受理投诉需要 1~6 个月的时间。最后，诈骗导致的个人信用不良会影响到他的工作、贷款等，所以想要提出拒付并不是那么简单的。但是，为了保险起见，我们还是要等待"速卖通"的风控系统 24 小时审核通过后再给买家发货。

 43 一个订单完美的发货流程应该是怎样的？

备货完成后，我们就需要给买家发货了，那么具体如何发货呢？在发货之前我们要找到国际物流的发货渠道，选择线上发货或线下发货的方式。这里我们主要介绍线下发货，即自己去发货。一般我们可以直接到邮政局发货，也可以找货代发货。由于"速卖通"所销售的产品小件比较多，这种小件产品可以选择发中国邮政挂号小包。那么下面我们就介绍下找货代以中国邮政挂号小包来发货的流程。

找到货代后先了解一下他们物流渠道各方面的信息，并谈好具体价格。建议大家找有实力的货代。有些货代有开发 API 系统对接"速卖通"，我们可以直接在货代的系统里同步"速卖通"产品。和货代谈好之后货代会给我们在他们系统里开个账户，账户开通后我们可以登录进入绑定"速卖通"店铺，如果店铺有订单了可以在系统同步订单。订单来了之后我们在系统选择发货物流渠道并填写订单资料，最后打印物流发货面单标签，并且把产品包装好，把标签贴在产品的外包装上。

标签贴好以后我们可以联系货代上门取货，并不是所有地方都可以上门取货的，要看我们所在地区是否在货代服务范围内，当然有些货代公司还会要求达到多少单才可以上门取货，如果新手卖家暂时达不到就自己把货送到货代公司去吧，如果离货代公司比较远也可以选择发国内的申通、圆通、中通等快递寄到货代公司去。货代公司收到我们的货物后会称重计算运费，计算好了以后会在货代公司开发的系统中提示运费是多少，此时我们就要在他们的系统里面充值现金并且支付运费。付费后货代公司会把货物给我们发出去。

找货代发货的大概流程已经介绍完了，最后我们把物流发货面单标签上的货物跟踪号填写发货通知到"速卖通"后台相对应的订单中，那么买家就

可以知道我们已经发货了，而且我们双方都可以查询到物流跟踪信息。

待买家收到货物后如何提醒他评价？

我们给买家发完货了难道就一直等待好评吗？很多买家收到货物后并不会及时给我们评价，这就需要我们主动联系买家引导买家给店铺好评。我们可以给买家发站内信或邮件询问买家收到货物后是否符合自己的需求，是否是买家所期待的。我们先不直接提醒买家好评先跟买家聊聊天，既显得我们服务好又能让买家更信任我们，从而成为朋友，这样做买家给我们好评的概率就更高了，可能后期也会一直到我们店铺购物。

催促买家评价需要注意的是不要在短时间内频繁催促，否则是谁都会嫌烦，反而对我们没有好的印象，极端催促的甚至可能还会收到差评。另外，催促买家时态度要好，可以适当幽默一点让买家感觉我们非常不一样，切忌由于自己当天正好有点脾气或心情不好而对买家的语气不好，我们要怀着一颗正能量的心，积极的心态，和善的语气和买家进行沟通。我们一旦这样做说明是在用心做事，买家是能够通过文字感受到我们的诚意的。

买家给我们好评后我们要学会感谢，不仅要感谢还要学会夸奖买家，任何人都渴望被人夸奖，比如我们可以夸奖买家，他是一位人缘很好的人，因为他总是乐于帮助别人和夸奖别人之类的，这样买家也会很高兴，可能还会继续和我们聊聊，我们也能把客户维护工作做好，这样买家很有可能会成为我们的回头客，说不定还会给我们介绍客户来。

第四章

轻松解决选品和货源问题

第一节　如何通过数据分析选品预知市场潜力？

古训说"谋定而后动"，只有知己知彼才能百战不殆，因而行动前全方位地搜集目标信息，对于结果至关重要。我们要在"速卖通"淘金，赚取利润，必须开展大量的数据分析工作，彻底掌握市场、消费者和竞争对手情况，才能有备无患。那么如何分析数据，通过数据选品，给店铺一个恰当的定位，并预知产品的市场潜力呢？本节内容将以通俗易懂的语言带大家开启数据分析的奇妙之旅，领略数据分析的强大魅力。

45　认识数据分析的重要性

大家在开店的过程中会遇到很多问题，如刚刚开店时的选品问题。有些朋友根本不懂选品就直接靠第六感随便选择产品，那么就会出现非常多的问题，因为我们不知道这个产品在"速卖通"上面是不是受欢迎。所以，很多朋友想要知道"速卖通"适合卖什么产品，什么产品才是热卖的？又或者看到平台很多产品都卖得很好，自己应该选择卖什么产品比较好呢？

其实，这些问题如果经过数据分析就会迎刃而解了。首先，通过数据分析我们可以了解到产品的市场行情，知道我们的产品适不适合在"速卖通"

销售，每天有多少人在搜索这个产品，进而预估产品的市场潜力。其次，数据分析可以告诉我们产品的客户群是谁，他们的喜好、购物习惯是什么，便于我们找准客户定位，有的放矢，提高成交率。最后，数据分析也可以让我们知道同行业中有多少卖家，他们的主营产品、价格定位等，知己知彼，助大家在竞争中脱颖而出。

所以说我们必须重视数据分析，如果不去做数据分析操作起来就没有把握，就好像一艘轮船在广阔的大海上航行，望着无际的大海，眼前一片迷茫。

下面我们来看两个数据分析的成功案例。

案例一：2013 年，郭敬明电影《小时代》的票房神话正是电影业基于大数据分析来制定电影营销策略的一大创举。《小时代》的发行方根据大数据分析，精确定位目标消费者、深入洞察目标消费群的心理偏好与行为，并在此基础上采取有针对性的精准营销，从而使其在票房上获得成功。

案例二：阿迪达斯要求员工每天收集门店的销售数据上传到总部。总部对数据做整合、分析，再用于指导经销商卖货。研究这些数据，让阿迪达斯和经销商们可以更准确了解当地消费者对商品颜色、款式、功能的偏好，同时知道什么价位的产品更容易被接受。所以阿迪达斯依据这些数据来开发消费者喜爱的产品，这才造就了阿迪达斯的成功。

以上两个通过数据分析而成功营销的案例，进一步向我们证实了数据分析对营销的重要意义。因此，广大朋友一定要切记，在开店的前期我们不要图快，要慢慢来，做足数据分析工作，全面把握市场行情，在后期必定会事半功倍。如果为了一时图快，不经思考和调研分析，不管看到什么产品只要符合自己店铺需求就拼命上传，那就是在浪费时间，可能很多朋友都犯了这个错误，所以大家一定要引以为戒。

在"速卖通"中，数据分析是一个不可或缺的过程。很多在"速卖通"淘金的人都会有疑问，为什么我的产品就是不出单啊？为什么产品就是突破不了现状呢？流量怎么就提升不了呢？这些问题往往在开店选品之初就决定了。如果我们没有通过数据分析去认真调查我们选的产品有没有搜索量的话，那么无论我们怎么做都会很难提升，因为我们选择的产品根本就没有太大的市场，连搜索的人都不是太多怎么可能会有太大的市场呢。也有人说我确定过产品有部分关键词有几千个搜索量啊，怎么就是没有销量呢？那就需要经过市场销量数据分析了，有一些产品流量还行，但是转化率不高，这些东西是值得我们去分析的。所以说数据分析对我们来说实在是太重要了，数据分析不仅能指导我们正确选品，还能够发现我们店铺存在的问题，指导我们往正确的方向走，大数据时代，数据为王。

那么"速卖通"的数据分析究竟能给我们提供什么信息呢？

◎ 市场行情。在"速卖通"平台上哪些行业生意最为火爆，哪些行业前景最好，最火的行业中哪个门类的产品访客量占比最多，更受欢迎。

◎ 消费者需求。数据分析能够准确地洞悉消费者的需求，告诉我们消费者分布区域，不同区域消费者喜欢的款式、风格、颜色、尺码等，甚至还能告诉我们多少价格是大部分用户可以接受的，以便于我们开发产品的时候有数据指标作为参考。

◎ 同行业务境况。"速卖通"的数据分析在让我们了解市场和买家情况的同时，也能帮我们全面、深入地分析同行业卖家的具体情况，如卖家的分布范围、主营业务、价格区间。

很多朋友不会做数据分析，或者看不懂，这是非常遗憾的事情，不过不用担心，接下来我会一步步地教大家如何做数据分析。数据分析是一个比较枯燥的工作，需要和大量的数据打交道，所以我们不能快，需要慢下来，多去观察，多去分析，过程可能很费时间，所以在前期千万要沉得住气。

大家可能会问我，红鱼老师慢慢来会不会错过商机？我们千万不要这么想，虽然天下武功唯快不破，但是任何功夫不都是从蹲马步开始的吗？基础都没有打好，在以后的路途中怎么可能会走得稳呢？所以前面修炼的内功，打的基础扎实后面才能走得快。数据分析是我们每一个做"速卖通"的朋友都必须去做的一项基础工作。

数据分析的功能实在是太强大啦。大家是不是迫不及待地想要学习数据分析了，接下来我们赶紧来了解一下吧。

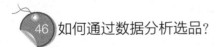
46 如何通过数据分析选品？

许多朋友刚刚开店的时候会遇到很多问题，我也经常跟行业内的朋友交流，发现新手朋友最头疼的就是选品问题。很多新手朋友草根创业什么都没

有，他们不知道自己应该做什么产品好，也有很多女生认为这个产品自己喜欢，应该会很好卖就上架到店铺了，还有些朋友是自己有工厂，有产品就把它们放到店铺里卖。可很多情况下会发现自己的产品上传到店铺后没什么销量，这是为什么呢？其中很大一部分原因就是选品问题，在选品的时候首先我们需要去了解"速卖通"的客户喜欢什么风格、什么款式等，了解了这些数据后，我们再来根据数据选择上架产品才能迎合消费者，所以我们开店之前最重要的一步就是选品。业内流行一句话，"选品不对，努力白费"。这句话深刻地解释了选品的重要性，那么我们如何选好产品，如何选对产品呢？

前面我们认识到了数据分析能够给我们提供很多帮助，也说了大数据时代，数据为王，我们做事情要以数据为准，不要靠第六感觉，那么如何通过数据来选品呢？这是很多朋友遇到的难题，他们面对数据很头疼，还看不懂，甚至根本就不知道怎么看数据，那么这些数据我们从哪里获取呢？

首先我们来了解一下选品需要到哪里获取数据？

我们登录"速卖通"卖家后台后，在数据纵横页面，有个商机发现模块，该模块包括三部分信息，分别是行业情报、选品专家和搜索词分析，如图4-1所示。在选品阶段我们先选择行业情报，通过行业情报来了解我们所感兴趣行业的全面的数据。

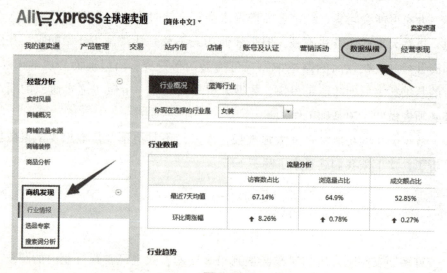

图4-1

行业情报

1. 行业概况

来到行业概况页面之后，我们可以选择自己感兴趣的行业，现在这里我以女装行业为例给大家逐步讲解选品的过程。选择女装这个行业后，我们将时间定为 7 天，下面就会显示 7 天内的流量、成交转化、市场规模等数据了，如图 4 - 2 所示。在这里我们可以看到最近 7 天的均值，访客数占比 67.14%，这意味着在服装这个行业下面的女装占了 67.14% 的市场，可以想象女装的市场是多么大，后面的数据浏览量占比 64.9%，意味着女装的浏览量在服装这个行业占了 64.9%，后面的数据也是类似的意思。

行业概况　蓝海行业

标识在选择的行业是　女装　▾　　　　　　　　　　　　请选择时间　最近7天　▾

行业数据

	流量分析		成交转化分析		市场规模分析
	访客数占比	浏览量占比	成交额占比	成交订单数占比	供需指数
最近7天均值	67.14%	64.9%	52.85%	57.91%	81.89%
环比周涨幅	↑ 8.26%	↑ 0.78%	↑ 0.27%	↓ -0.57%	↓ -10.52%

图 4 - 2

如果还想看服装行业下面的其他品类，我们可以选择男装再去查查，两个类别做一个对比，这样我们就能够非常直观地了解我们做的这个行业各个品类占据市场的多少，让我们对整个市场的占比有一个具体的判断。

2. 行业趋势图数据

接下来是行业趋势数据，图 4 - 3 中我们可以看到女装行业的趋势图，它包括访客数占比、成交额占比、浏览量占比、成交订单数占比、供需指数这些数据，这里的图表数据可以很方便地让我们看到不同时期数据的上下波动情况。

3. 趋势数据明细

如果大家想要看详细的数据可以点击"趋势数据明细"来查看，如图 4 -4所示，这是纯文字类型的数据，让人看起来非常舒服。很直观地就可以让我们了解到具体的数据信息。

图 4 − 3

	流量分析		成交转化分析		市场规模分析
	访客数占比	浏览量占比	成交额占比	成交订单占比	供需指数
2015-05-03	62.68%	64.36%	52.57%	57.82%	91.36%
2015-05-04	62.99%	64.39%	51.63%	57.6%	91%
2015-05-05	64.23%	64.68%	53.5%	58.44%	87.55%
2015-05-06	69.19%	65.55%	54.52%	58.23%	77.73%
2015-05-07	68.67%	65.54%	52.92%	57.52%	78.68%
2015-05-08	69.86%	65.32%	53.17%	57.82%	77.3%
2015-05-09	71.28%	64.45%	51.03%	57.88%	74.15%

图 4 − 4

4. 行业比较功能

在行业趋势图下面还有个行业比较功能，在这里我们可以同时选择三个行业来做对比，图4 − 5中我选择了三个服装下面的品类来做对比，当然大家也可以选择其他的非服装行业对比。

这里我选择了女装、男装、婚礼及重要场合这三个品类，它们都是服装行业下面的子类，我们可以看到女装是深灰色的线条，访客数占比是71.28%，男装是灰色线条，占比20.05%，婚礼及重要场合是浅灰色线条，占比11.57%，这样一对比数据我们就知道了，女装市场的访客数是最多的，

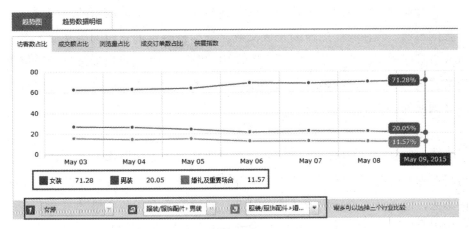

图 4 – 5

人多就意味着需求大，订单多，男装是女装的1/3，婚礼及重要场合最少，说明人气还是低了点。

通过这里的数据对比我们了解了什么？如果我们决定要做服装行业，选择女装和男装是可以的，因为有很多人在"速卖通"购买女装和男装。看到这里又有一个问题，到底是选择做女装还是做男装呢？这就需要看大家各自的优势了，如果我们比较熟悉女装或者有货源优势的话，那么我们就选择做女装，这个靠自己来决定，毕竟数据已经告诉我们市场占比了。

5. 行业国家分布

接下来就是行业概况这个页面最下面的数据了，这里给出了我们某行业在不同国家的分布数据，如图4－6所示。

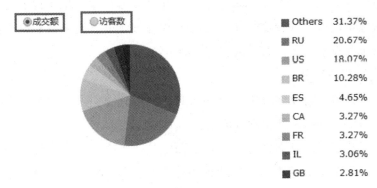

图 4 – 6

在行业国家分布图中，我们可以看到同一产品在不同国家的成交额和访客数的占比。现在我们选择的是成交额，数据将会告诉我们购买女装的客户都来自哪些国家，这里只给出了排名前10的国家，我们可以通过这个数据看出哪些国家购买女装的消费者比较多，从而来决定女装的风格是否需要符合这些国家的消费者需求。

6. 蓝海行业

我们了解完行业概况之后再来看看行业情报里面的蓝海行业，什么是蓝海行业呢？蓝海指的是未知的，有待开拓的市场空间。蓝海行业指那些竞争尚不大，但买家需求又比较旺盛的行业，蓝海行业有新的商机和机会。在图4-7中我们也可以看到"速卖通"官方对于蓝海行业的介绍。

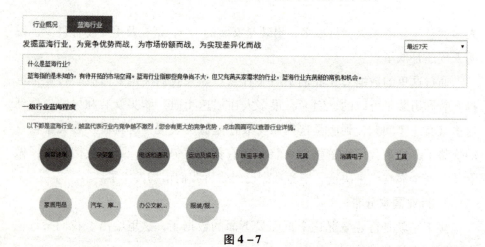

图4-7

这里"速卖通"平台给卖家们推荐了几个蓝海行业，越蓝代表竞争越不激烈，大家可以点击查看详情作为参考。蓝海行业可以便于我们避开红海市场，发现那些竞争不大，同时又有需求的市场。

7. 蓝海行业细分

接下来是蓝海行业细分市场查询工具，利用它我们可以选择一个行业来查看这个行业下的蓝海行业细分数据。

在这里我们可以查询到各个行业下面的品类供需指数。统计时间段内行业下的商品供需指数越小，竞争就越小。反之供需指数越大市场越大，竞争也越大。在这里我选择查询女装行业，如图4-8所示。我们看到女装下面的

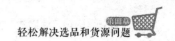

女士内裤，比基尼套装都是需求比较大的，意味着销量走得不错，通过这个查询工具我们就可以了解到，在女装下面哪些品类是比较好卖的，或者竞争比较小的，从而来选择自己要卖什么产品。

蓝海行业细分

服装/服饰配件>女装　　您可以通过筛选，查找特定行业下的蓝海行业

叶子行业名称	供需指数	操作
女装 > 泳衣/沙滩服 > 单件泳衣上装/单件泳裤	10.17%	查看行业详情
女装 > 贴身衣物 > 内衣配件 (隐形文胸/乳贴/乳垫/肩带等)	39.54%	查看行业详情
女装 > 上衣, T恤 > 背心, 吊带	39.66%	查看行业详情
女装 > 贴身衣物 > 吊袜带	60.35%	查看行业详情
女装 > 泳衣/沙滩服 > 沙滩短裤	19.42%	查看行业详情
女装 > 贴身衣物 > 文胸套装	92.7%	查看行业详情
女装 > 上衣, T恤 > Polo衫	7.16%	查看行业详情
女装 > 贴身衣物 > 文胸 (不要发布粘胶/哺乳/情趣文胸)	86.91%	查看行业详情
女装 > 贴身衣物 > 女士内裤	137.62%	查看行业详情
女装 > 泳衣/沙滩服 > 比基尼套装	105.82%	查看行业详情

◄ 1 2 ►　　　　　Go to Page [　] Go

图 4 - 8

那么通过数据分析找到了该行业下哪些品类好卖后还要知道什么呢？答案很简单，用户的需求是什么，喜欢什么风格，喜欢什么款式，什么型号，什么尺码，这些数据哪里找呢，这就需要用到商机发现的第二个功能模块——选品专家。

选品专家

1. 热销品类

进入选品专家页面后，我们在热销下面选择女装会出现女装下用圆圈表示的各个品类的销售情况，圈越大表示这个品类的销量越大，当然竞争也越大。如图 4 - 9 所示，我们看到 dress（裙子）是圈最大的，也是卖得最好的。如果想看到比较详细的数据，我们可以点击右上方的"下载最近 30 天原始数据"按钮，获取近期的销售明细信息。

下载完之后就可以看到详细的数据，如图 4 - 10 所示，我们看到 dress 成交指数排名第 1，购买率排名第 16，当然竞争也是最大的，如果想查看 dress

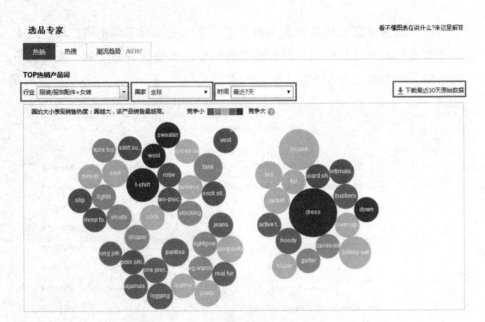

图 4 - 9

	A	B	C	D	E	F
1	行业	国家	商品关键词	成交指数	购买率排名	竞争指数
2	女装	全球	dress	145062	16	2.57
3	女装	全球	blouse	84679	22	0.71
4	女装	全球	t-shirt	54850	2	3.28
5	女装	全球	bikinis set	50250	4	1.4
6	女装	全球	tank	28742	3	0.93
7	女装	全球	panties	22874	6	1.84
8	女装	全球	bra	18886	1	1.68
9	女装	全球	skirt	18132	5	1.62
10	女装	全球	legging	13886	19	2.09
11	女装	全球	pants	12693	13	1.32
12	女装	全球	jumpsuits	12179	8	1.6
13	女装	全球	hoody	11402	10	2.27
14	女装	全球	jacket	10276	9	1.47
15	女装	全球	shorts	9741	7	0.84
16	女装	全球	one piece	7968	14	1.73
17	女装	全球	sweater	7720	11	4.45
18	女装	全球	shaper	6790	28	0.85
19	女装	全球	sock	6100	18	1.22

图 4 - 10

更详细的数据我们可以点击一下图4-9里的dress红色大圆圈。

点击之后我们可以看到，dress相关联的产品有t-shirt（T恤）、dress（裙子）、skirt（半身裙）、jumpsuits（连体裤）等，如图4-11所示，这些就是和dress关联的产品，圆圈面积越大，产品销售量越大；连线越粗，买家关注度越高。我们在图4-11中可以看到dress连线最粗的也是dress，说明关注裙子的消费者还会同时浏览裙子，点击裙子，或者购买裙子的可能性是最大的。

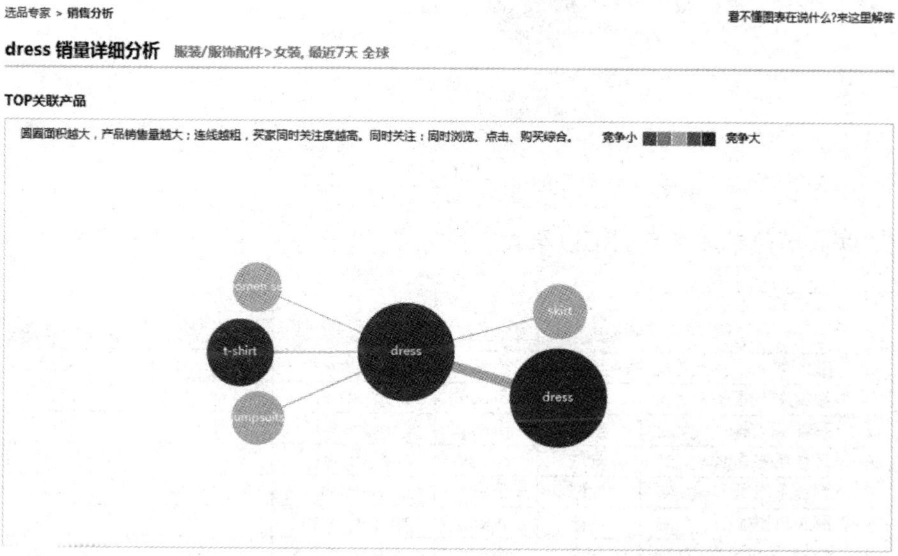

图4-11

2. 热销属性

下面是TOP热销属性介绍，热销属性就是我们产品最热销的属性。如图4-12所示，这里的数据会告诉我们dress这个产品，有哪些属性是最受消费者喜欢的，是消费者最有可能购买的。

这里的数据包括dress详细的属性，我们可以通过右上方的"下载最近30天原始数据"获得相关信息，并进行分析。

下载过后我们就可以看到dress下面的热销属性，如图4-13所示，dress下面的material（材料）热销的是polyester（涤纶）、cotton（棉）。这些数据告诉我们了，如果要做dress选择material的话，应该选择哪些热销属性的产品上架到店铺会更受客户喜欢。当然表格下面还有dress的袖长、领口、风

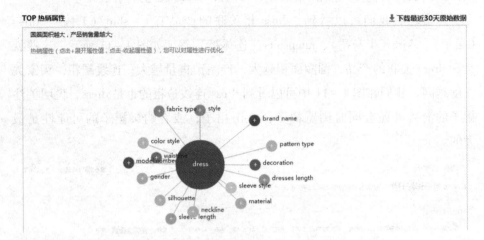

图 4－12

格、裙长等热销属性数据可以给大家作为参考。

	A	B	C	D	E	F
1	行业	国家	商品关键词	属性名	属性值	成交指数
2	服装/服饰配件>女装	全球	dress	material	polyester	206052
3	服装/服饰配件>女装	全球	dress	material	cotton	133028
4	服装/服饰配件>女装	全球	dress	material	spandex	57043
5	服装/服饰配件>女装	全球	dress	material	lace	28560
6	服装/服饰配件>女装	全球	dress	material	lanon	21886
7	服装/服饰配件>女装	全球	dress	pattern type	solid	127388
8	服装/服饰配件>女装	全球	dress	pattern type	print	82507
9	服装/服饰配件>女装	全球	dress	pattern type	patchwork	24609
10	服装/服饰配件>女装	全球	dress	pattern type	striped	15604
11	服装/服饰配件>女装	全球	dress	pattern type	dot	9315
12	服装/服饰配件>女装	全球	dress	gender	women	280990
13	服装/服饰配件>女装	全球	dress	dresses length	above knee, mini	145319
14	服装/服饰配件>女装	全球	dress	dresses length	knee-length	74029
15	服装/服饰配件>女装	全球	dress	dresses length	floor-length	31471
16	服装/服饰配件>女装	全球	dress	dresses length	ankle-length	14859
17	服装/服饰配件>女装	全球	dress	dresses length	mid-calf	14642
18	服装/服饰配件>女装	全球	dress	sleeve length	sleeveless	146159
19	服装/服饰配件>女装	全球	dress	sleeve length	short	61958
20	服装/服饰配件>女装	全球	dress	sleeve length	full	42408
21	服装/服饰配件>女装	全球	dress	sleeve length	half	16349
22	服装/服饰配件>女装	全球	dress	sleeve length	three quarter	13319

图 4－13

3. 热销属性组合

热销属性组合介绍，如图 4－14，相同颜色代表一类属性组合，颜色占比越大表示销量越多。我们可以根据属性组合，结合供应情况进行选品，也就是说我们可以通过这个组合工具分析组合属性产品的市场前景。

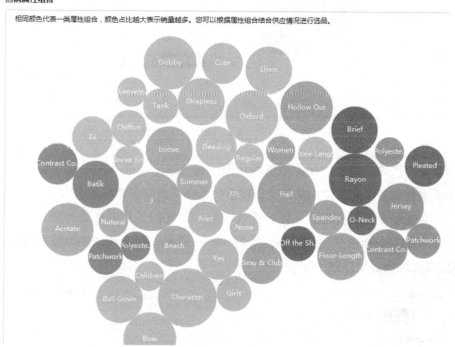

图 4－14

这里我们可以点击一组相同颜色的属性进行组合，圆圈越大表示销量越多，点击完之后如图 4－15 所示。

我们可以通过选择 2~3 个属性组合进行搜索，进而查看这些组合属性的销量情况。比如这里我们选择了 3 个属性，分别是袖长、领口、风格。那么我们可以通过直接搜索选择这 3 个属性的在线销售产品，从而判断这类组合属性产品在"速卖通"的市场反应如何，如果组合过的属性在"速卖通"销量不错，那么说明这类属性组合在一起的产品市场很好，值得我们按照此类组合属性开发相应的产品。

4. 热搜

选品专家模块，除了可以获得热销产品相关信息外，还有一个重要的功

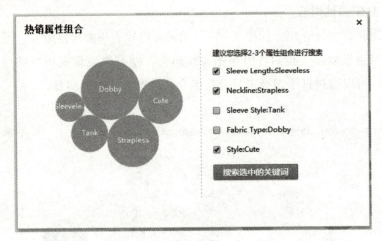

图 4 – 15

能就是提供热点搜索情况,即热搜功能。通过这个功能我们可以了解某个产品买家搜索最多的关键词是什么,搜索的人多就意味着市场需求大。

在选品专家热搜工具界面行业选项框中,我们还是以女装为例,界面中会显示女装下面的热门搜索词,如图 4 – 16 所示,想看到详细的数据可以下载 30 天原始数据详细了解。

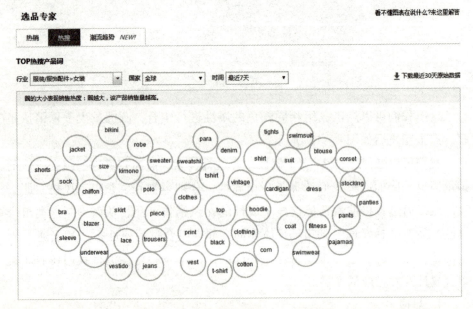

图 4 – 16

下载过来后我们可以看到"速卖通"上女装行业的热搜产品明细，如图4-17所示，这些数据能让我们知道什么产品才是最有搜索人气的，当然如果想要获得更多详细的数据，可以点击图4-16中的圆圈查看某个关键词的详细数据，我们可以将这些数据作为我们选品的一个参考。这里的热搜工具数据主要是告诉我们女装下面什么是消费者最热门的搜索关键词，从而知道女装下面哪些产品是最有人气的。

	A	B	C	D	E	F	G
1	行业	国家	商品关键词	搜索指数	搜索人气	购买率排名	竞争指数
2	女装	全球	dress	329410	144544	19	158.07
3	女装	全球	shirt	115826	60652	24	184.87
4	女装	全球	top	90881	39873	4	566.41
5	女装	全球	skirt	86738	37454	10	90.77
6	女装	全球	jacket	74209	37148	20	123.65
7	女装	全球	underwear	67743	49597	1	75.59
8	女装	全球	jeans	56328	28093	32	80.26
9	女装	全球	bikini	52754	22990	26	104.33
10	女装	全球	pants	49364	25748	15	212.34
11	女装	全球	shorts	48572	24235	8	122.12
12	女装	全球	vestido	44389	19560	5	1132.1
13	女装	全球	blouse	41335	19906	27	223.74
14	女装	全球	suit	37931	20114	17	243.2
15	女装	全球	bra	36098	15910	13	109.09
16	女装	全球	clothing	33515	21008	45	465.2
17	女装	全球	swimwear	32358	16340	3	141.01
18	女装	全球	coat	31956	16171	38	370.92
19	女装	全球	swimsuit	27146	12486	18	151.6
20	女装	全球	clothes	25872	15875	44	877.1
21	女装	全球	size	25015	10762	23	2433.67

图 4-17

如果我们选择的产品是没有什么搜索人气的，那么就好比我们在深山老林开了一家实体店，所以说选择没有搜索人气的产品来上架，浏览的人会寥寥无几，购买的人更是屈指可数。

通过这一整体的数据分析选品，我们了解到做女装应该针对哪个市场，面向哪些消费者，选择什么材质、什么风格的衣服更符合消费者需求，对市

场有整体、精确的了解。

到这里整个产品的数据分析就已经完成了,通过上述操作步骤,我相信大家一定可以找到最适合自己的产品。

> **小贴士**
>
> 下面我们来回顾一下速卖通数据分析的整体流程。
>
> 通过行业情报的数据确定大家要做的行业,分析访客占比数等数据了解行业的市场。
>
> 确定行业后,不知道做行业下的什么产品,可以通过选品专家来选择需要做的产品,确定好做的产品后,通过选品专家的热销数据,找到这个产品什么风格,什么款式是最热销的,最受客户喜欢的,同时通过热搜数据知道我们产品的搜索人气数据,确定自己选择的产品是否有搜索人气,之后有针对性地去寻找这类型的产品。

整个过程都是依据数据分析来选品的,这样选择出来的产品很可能就是市场需要的,消费者喜欢的,点击量、成单率都很高的产品。

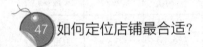 **如何定位店铺最合适?**

通过数据分析选品我们最终确定了自己要做什么产品,那么接下来我们需要给自己的店铺做一个定位。我发现很多新手朋友做店铺都没有定位,直接就上传产品,这样做会导致店铺点击率少,成交率低,销量寥寥无几。那么什么是店铺定位,为什么要定位?

店铺定位指给店铺找一个明确的市场,特定的产品种类,确定的消费者,以及合适的价格。通过定位我们能够更好地把握店铺未来的路应该如何走。店铺需要精准定位是因为一个没有定位的店铺走到最后会非常迷茫,束手无策,导致我们什么产品都上架到店铺,可能今天卖这个产品,明天卖那个产品,弄的店铺很乱。还有的朋友直接定位到竞争大的市场,我们可以想想一个新店铺一开始就做竞争大的市场,能够分给我们的流量有多少呢,我们能够有那么大的能力去这个大市场分得一杯羹吗?还有人定位竞争小的市场,定位竞争小的市场是对的，但是往往没有准确的定位，定位到了竞争小，可是范围也小也没有太多搜索量的市场去了，导致店铺门可罗雀，这时候就不要怨天尤人了，只能怪自己没有好好花时间给店铺做定位。

选品对于开设店铺具有重大意义，但是定位的作用也是不可忽视的，我觉得这两大部分都是我们开设店铺前期不可或缺的准备工作，也是我们必须确定好的。很多人往往不做这两个部分，跳过去直接上架产品到店铺去销售。那么如何给店铺定位呢？

产品种类

定位的第一步是我们要给产品做一个定位，我们是只销售某一类产品，还是做多个产品？拿女装举例，女装下面有很多种品类，有连衣裙、衬衫、职业装等，我们是只卖连衣裙，还是挑选女装下面的多个品类来销售？这一点一定要确定好，否则没有目标盲目地干会让以后的发展非常凌乱。

产品价格定位

确定好自己要销售什么产品后，给产品的价格做定位，我们是要做低端、中端，还是高端市场？

◎ 低端市场——价格低、利润低、风险低。
◎ 中端市场——价格适中、利润适中、风险适中。
◎ 高端市场——价格高、利润高、风险高。

三种市场各有利弊，哪个比较适合自己，就可以选择哪个，如果我们是草根创业者那么就选择低端市场，因为这个定位风险小，适合入门级的新手拿来练手操作，等以后慢慢熟悉整个平台运营流程后，可以再另做打算，大家具体如何选择根据自己实际情况而定。

货源定位

产品和价格定位好后，我们就要确定货源了，我们的货从哪里来？到"淘宝"、阿里巴巴拿货，还是批发市场拿货？如果我们有认识的朋友有这方面货源的，可以联系拿货。我们定位什么市场就去找什么价位的货源，如果能够找到有价格优势的货源会更好。

产品结构分类

店铺做好定位后，我们要给店铺产品的结构做一个分类。

1. 爆款

爆款是店铺走量最多的产品，定位于大众化产品，并非小众产品，风格、款式、价格等指标都在大部分消费者能够接受的范围内，所以设置爆款的目的不是为了盈利，而是为了让消费者体验到产品的服务和价值。

2. 引流款

顾名思义就是用来引流量的，主要是价格比较实惠而且质量也不错，稍微盈利一点点的产品，引流款可以给其他产品导入流量，把顾客引流到其他产品去。

3. 利润款

适用于特定的小众人群，这部分客户追求的有多方面，比如产品质量、个性化风格等，所以我们的利润款就需要突出产品卖点，挖掘产品独特的价值，使其符合小众群体的胃口。

以上不管如何定位都要保证产品质量，这样店铺在后期运营当中才能尽量避免差评、纠纷等不利于店铺发展的因素。我希望大家能够做一个正直的商人，送大家一句话，"经商以诚信为本"。只有诚信做生意才会让我们未来的路走得更远，否则做一锤子买卖以后会越做越累，直到被市场淘汰。

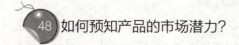
48 如何预知产品的市场潜力？

所有的准备工作都做好后，我们怎么知道自己所操作产品的市场潜力呢？很多卖家在做店铺的时候采用的方法是先上架后观察，这样做就是在撞运气，成功率极低。当然对于经过数据分析后选择上架的产品，我们是可以通过先上架的方式来做后期观察的。一方面数据分析后选中的产品，有很大的可能是符合市场和消费者需求的；另一方面数据分析后得出的产品不一定真的有非常大的市场潜力，后期还需要我们去测款。但是这种方法仍然是有风险的，各位"速卖通"朋友下手一定要谨慎。

那么我们如何才能以最小的代价获知产品的市场潜力呢？还是需要数据

分析。首先打开后台数据纵横页面，选中搜索词分析功能，找到热搜词模块。

在该模块下，行业这里请选择我们想要查询的产品，我依然以女装为例，选择女装牛仔裤，之后我将搜索词设为 jeans，筛选关于牛仔裤的关键词，如图 4-18 所示。

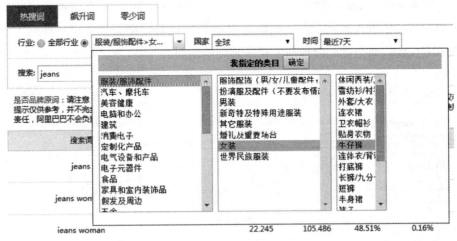

图 4-18

在搜索结果界面，如图 4-19 所示，我们可以看到牛仔裤这个关键词的

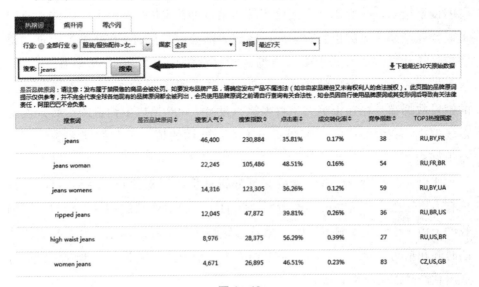

搜索词	是否品牌原词	搜索人气	搜索指数	点击率	成交转化率	竞争指数	TOP3热搜国家
jeans		46,400	230,884	35.81%	0.17%	38	RU,BY,FR
jeans woman		22,245	105,486	48.51%	0.16%	54	RU,FR,BR
jeans womens		14,316	123,305	36.26%	0.12%	59	RU,BY,UA
ripped jeans		12,045	47,872	39.81%	0.26%	36	RU,BR,US
high waist jeans		8,976	28,375	56.29%	0.39%	27	RU,US,BR
women jeans		4,671	26,895	46.51%	0.23%	83	CZ,US,GB

图 4-19

搜索数据，通过搜索人气我们可以初步判断在"速卖通"搜索牛仔裤的买家还是很多的，搜索的人多意味着购买女性牛仔裤的人也应该会有很多，但这些数据还不足以证明是不是有很大的市场，这时候需要我们到"速卖通"首页搜索这些关键词来验证，我搜索 jeans woman 后，发现这个关键词的搜索人气是 22 245。

搜索 jeans woman 找到 302 810 个商品，如图 4-20 所示，这就告诉我们这类产品的竞争有多大。进而我们还需要分析销量数据，来确定在如此大的竞争下，我们是否还可以找到生存、盈利的空间。

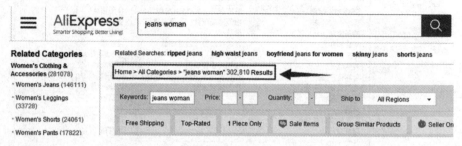

图 4-20

查看搜索结果中各个店铺的商品信息，我们可以看到他们各自的销量数据，通过这些数据我们可以确定牛仔裤的市场潜力如何。如图 4-21 所示的搜索结果，我们发现大部分产品的销量都在 1 000 笔以上，因此，我们可以预知产品大概的市场有多大。既然大部分商品都有 1 000 多笔销量，说明市场还是可以的，属于中间市场，并且竞争也不大，才 30 多万个产品，这是符合我们操作预期的产品。如果一个产品搜索后前 10 页内大部分产品的销量数据都是在几十笔、一百多笔，没有 1 000 笔以上销量的产品，说明市场偏小，我们的产品也不会卖出很多，这样的情况下我们就无法让产品有很好的销量了。

所以，要想让产品有销量就必须分析销量数据来预知产品的市场潜力！只有大概知道了产品的市场潜力后，我们才能够对产品的销量有把控，否则我们上传一个无法预测市场的产品就会导致产品销量没起色，浪费我们团队的时间和精力。同时，预测产品市场潜力，把握产品销量，对于以后我们打造爆款产品都是非常有帮助的。

2014 New Autumn Winter Fashion
Pencil **Jeans Woman** Candy

US $10.79 - 12.05 / piece
US $11.99 - 13.39 / piece
Free Shipping
★★★★★ (1978) | Orders (11653)

XS-XXXL 22 Color womens spring
autumn casual denim skinny

US $11.87 / piece
US $12.49 / piece
Free Shipping
★★★★★ (345) | Orders (5428)

Women Sexy Candy Color Pencil
Pants/Casual pants/Skinny Pants

US $11.21 / piece
US $12.89 / piece
Free Shipping
★★★★★ (600) | Orders (3885)

East Knitting Wholesale A65
Women's Fashion Jeans

US $3.96 / piece
US $5.28 / piece
Free Shipping
★★★★☆ (267) | Orders (3624)

New Arrival 2014 Brand Mid Waist
Women Straight **Jeans** Slim Pencil

US $11.99 / piece
US $15.99 / piece
Free Shipping
★★★★☆ (833) | Orders (3606)

Super Deal 2015 Fashion **Women**
Candy Colors Pencil Pants Spring

US $10.44 / piece
US $10.99 / piece
Free Shipping
★★★★★ (2034) | Orders (3384)

图 4 - 21

第二节　如何寻找优质货源？

从我们决定要做跨境电商的那一刻起，我们最重要的事情就是如何找到
优质的产品货源，一个好的产品能为我们避免很多差评和纠纷，因此找对了
产品，我们就成功了一半。那么如何找到好的货源呢？本节我会为大家介绍
如何寻找货源，以及我们的店铺缺货了该如何快速寻找到同款货源。

 怎样寻找畅销火爆商品？

众所周知寻找到一款能够畅销的产品是非常有必要的，但想找到它，并
非那么容易，需要我们去做调查，那么到哪里找那些畅销的产品呢？

畅销产品区域

首先我们打开"速卖通"首页,在首页有很多畅销的商品都是卖得非常火爆的,如图 4 - 22 所示。

图 4 - 22

在图 4 - 22 中右上角有一个 Bestselling(畅销),我们可以点击查看畅销的产品,点击之后显示出来的结果如图 4 - 23 所示。

在图 4 - 23 的右上角有 Hot Products(热卖产品)和 Weekly Bestselling

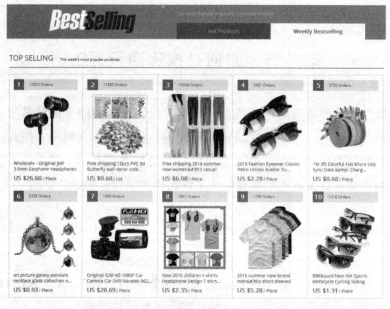

图 4 - 23

（每周最畅销）两个按钮，我们可以根据自己的要求寻找畅销的产品，接下来在页面的上方还可以看到产品类别的导航栏，如图4-24所示。

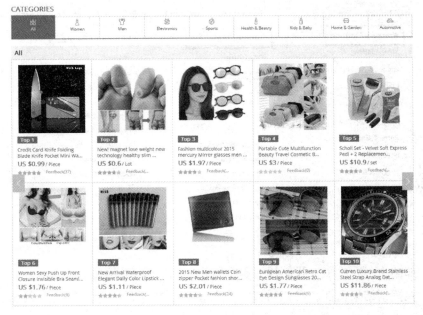

图4-24

在产品类别导航栏中我们可以选择自己需要查看的类目，了解所在类目热卖的产品，这些畅销区域里面的产品都是优质的产品，都是在"速卖通"卖得很好的，最为火爆的产品。了解完了畅销产品区域的产品后，我们接下来再回到首页了解一下如何通过类目寻找畅销产品。

首页类目寻找畅销产品

在"速卖通"首页左侧有一排类目，如图4-25所示，在类目这里也是可以寻找到很多畅销产品的，除了类目，首页还有很多栏目有推荐产品的，我们可以通过其他栏目进行查看，由于方法都类似，我就以首页类目查询方法演示如何通过类目来寻找畅销火爆的产品。

首先我们需要选择一个类目，以及产品种类，如图4-25所示，这里我选择 Lace Dresses（蕾丝连衣裙）。

点击"Lace Dresses"之后，系统会给我们检索出关于蕾丝连衣裙的产

图 4 - 25

品，如图 4 - 26 所示，我们找到 365 688 条裙子的商品信息。

在搜索结果页面，我们可以看到很多关于裙子的销量、价格等数据，如

图 4 - 26

果我们要找裙子货源的话，可以参考这些热卖产品的风格和款式，在30多万件蕾丝连衣裙商品中相信大家一定可以辨别出哪些款式是最热卖的，这些数据为我们店铺具体要上架什么类型的蕾丝连衣裙提供了参考。

站外寻找畅销产品——外贸热品榜

除了站内寻找畅销产品的方法外，我们还可以通过站外来获取畅销产品，有一个可以查找畅销产品的网站——外贸热品榜。那怎么使用这个网站去寻找畅销商品呢？

首先我们百度查找并打开外贸热品榜，如图4-27所示，打开网站后我们选择自己需要查找的类目即可。

图 4-27

这里我们选择的类目为女性，点击之后我们会来到商品排行页面，如图4-28所示。

图 4-28

这里我在搜索框输入 Lace Dress（蕾丝连衣裙），商家我选择了阿里"速卖通"，排行类型我选择了月销售额最大进行排序，这时网站显示在 Women 中查询 Lace Dress 找到的排名前 1 000 的商品结果。我们以排名第一的商品为例来讲解吧，这个产品后面显示价格 8 美元，月销售额 15 544 美元，通过这些数据可以看出这件连衣裙是"速卖通"消费者非常喜欢的产品，如果我们也有和这个风格类似的产品那么可以上架到"速卖通"进行销售，接下来点击一下这个产品查询更多关于这件连衣裙的详细数据，如图 4-29 所示。

Free shipping, 2014 new arrive Sexy Spoon Neck 3/4 Sleeve Belt Include Lace colorful Sakter Dress, WD1077

商家 阿里速卖通
价格 $8.00
本月最低价 $8.00 本月最高价 $8.00
周销量 476件
月销量 1943件
去阿里速卖通看看该商品

在速卖通上查该商品卖家　　alibaba平台查该商品供应商

报表类型　日价格销量趋势　周销量趋势　月销量趋势　日价格销售额趋势　周销售额趋势　月销售额趋势

图 4-29

在图中我们可以看到这件连衣裙的周销量以及月销量数据，还可以查询到在"速卖通"上销售这件连衣裙的卖家，以及在 alibaba 平台销售该裙子的供应商数据，这些数据都是值得我们参考选择自己产品的风格、款式、价格的。

 50 如何在阿里巴巴寻找货源？

首先我简单介绍一下阿里巴巴，阿里巴巴是一个专门采购批发的网站，在阿里巴巴上面有非常丰富的货源，所以我们找货源可以选择上阿里巴巴批发。阿里巴巴的货源有自身的优缺点，优点主要是产品货源种类多，价格也比较便宜，缺点是大部分都有起批量，很少可以一件一件拿货。大家可以根据自己情况选择是否在阿里巴巴找货源。当我们确定好自己所要做的行业以及要操作的品类后，如何在阿里巴巴寻找我们的货源呢？

　　我们可以直接在网上搜索阿里巴巴然后进入网站，或者直接打开 www.1688.com 进入网站寻找货源，或者登录"速卖通"的后台，点击"产品管理"——"货源中心"——"阿里巴巴外贸货源"，如图 4-30 所示。

图 4-30

　　我们点击"阿里巴巴外贸货源"之后来到网站首页，注意这里不是阿里巴巴首页，而是阿里巴巴的外贸货网站，我们可以在首页搜索框输入自己想要寻找的货源，比如我们要找女装下面的连衣裙，那么我们在搜索框输入连衣裙，如下图 4-31 所示。

图 4-31

输入完连衣裙后点击"搜索",就会出现很多关于连衣裙的货源,这里我们搜索连衣裙显示共找到 629 198 条商品信息,连衣裙这个产品有很多属性,并且在后面还有个"更多"的按钮可以显示全部的属性信息,这时我们筛选自己要找的属性即可,如下图 4 – 32 所示。

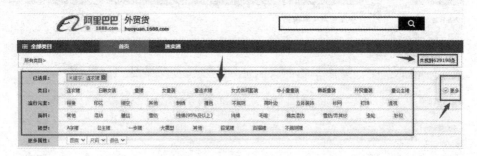

图 4 – 32

在图片中有类目、面料、流行元素、裙型等属性可供我们选择,通过点击自己想要寻找的属性,系统会自动为我们匹配相关产品,接下来我们还可以继续更加精确地选择,如图 4 – 33 所示。

图 4 – 33

在这个位置我们可以选择淘包邮、淘特惠、淘清仓、7 天包退换、15 天包换、满优惠、信用凭证,以及下面的商家所在地区、经营模式、最近上新、销量、价格高低来筛选排序,我们还可以填入最低价至最高价和起订量来筛选符合我们要求的产品。

关于筛选属性这里我就给大家简单演示一下吧,我选择了连衣裙、外贸裙、蕾丝、露背四个属性,之后又选择了销量从高到低排序,搜索出来的结果如图 4 – 34 所示。

经过我们的筛选搜索出来的产品货源更加符合我们的要求了,同时商品数量也减少了,在图中右上角可以看到筛选后共有 59 条商品信息,这时展现出来的产品就都是符合我们要求的。

当我们看中某一款产品时,我们可以点击商品查看产品的详细介绍,如

图 4 - 34

果觉得产品合适，我们也可以联系商家询问产品的基本情况，比如产品几件起批、产品质量怎样、都有什么尺码、颜色有几种、是否包邮等。咨询完我们最想要了解的信息，如果产品各方面都符合我们的要求，我们可以试着先拿几件产品回来看看货源质量怎样，如果货源没有问题，那么我们就可以确定从这个商家这里拿一部分货了。

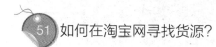
如何在淘宝网寻找货源？

除了阿里巴巴这种批发平台以外，淘宝网这种零售平台也是可以找到货源的。淘宝网上也有一些批发商开店，在淘宝网找货源的优点是产品货源多，价格也比较便宜，支持一件起批；缺点是很多产品都是打价格战时才便宜，货源的价格不稳定。那么我们如何在淘宝网寻找货源呢？

首先打开淘宝网，在搜索框输入我们想要寻找的产品，这里我以女装牛仔裤举例演示，我们通过搜索外贸女装牛仔裤可以看到如图 4 - 35 所示的搜索结果。

经过搜索显示找到 1.29 万件产品，同时这里也给出了很多属性可以供我们筛选，大家按照自己的要求进行筛选即可，这里我选择销量从高到低、包邮来找到符合要求的产品，搜索结果如图 4 - 36 所示。

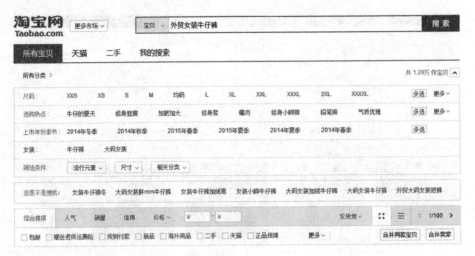

图 4 - 35

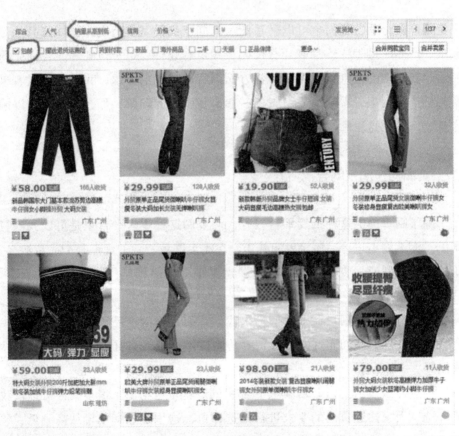

图 4 - 36

这里的这些产品都是销量比较大的，同时也是包邮的产品，价格方面各有千秋，淘宝网的货源是可以只拿一件的。我们按照自己店铺的定位来决定选择哪些货源，想要详细了解产品点击商品进入即可。如果担心商品质量问题等情况，我们可以查看产品的评价进行了解，确定好货源后我们可以联系商家拿几件货回来看看质量，如果没有问题我们可以进一点货回来上架到"速卖通"店铺，也可以先上架到"速卖通"店铺等出单了我们再去拿货，前提是要确定货源没问题，不然等我们"速卖通"店铺出单了，来"淘宝"拿货人家又下架了的话就比较麻烦。最后再提醒大家一下不管找什么货源，尽量找价廉物美的产品，不要贪图价格低廉而忽略产品质量，这样的话在后期我们的"速卖通"店铺会收到很多差评和纠纷，所以我们在前期找货源的时候就需要为店铺以后的经营考虑周全。

 52 如何在本地批发市场寻找优质货源？

有些朋友距离批发市场不远，如果正好自己想要做的产品批发市场就有，那么也可以到线下批发市场拿货，这样就没有必要在线上找货源。本地批发市场拿货的优点是能够亲身接触到货物，免去运费成本，拿货也方便；缺点是可能会有局限，比如我们这地方只有批发服装的，其他的产品没有，货源方面就会有局限性。那么线卜如何找货源呢？

如果我们做女装，那么就去专门批发女装的批发市场，平时大家多去逛批发市场，多跑跑对比现在市场上的主流产品和价格了解行情。第一次去拿货千万不要着急，要多观察，多了解情况，至少要问 5～10 家以上同类型的店铺，这样的话我们就能够了解到市场上各类产品的流行款式和大概价格。我们也可以连续跑几天批发市场观察后再做决定，如果心急一下子就订货回来了，风险是很大的，新手朋友一定要慎重。所以在本地批发市场寻找货源要求我们多逛批发市场，选择几家符合心意的产品，最后再决定。

当我们看中产品后，可以向店铺老板要张名片，在名片后面拿笔写下在这家店看中的款式，以便后期联系老板。如果决定要做这家商铺的产品后，可以先少拿一点货，虽然价格高了点但是不至于存在较大的压货风险。稍微拿几件货后问老板有没有产品图片，有的话就更好了，没有那就自己拍照片

吧，如果不拿点货直接问人家有没有图片，估计也没有人会和我们说太多，毕竟批发市场的老板都比较忙，对比他们的大客户来说我们这种小量订货的实在微不足道。我们前期开店都是比较麻烦的，拿货多了有压货的风险，拿少了价格又没有优势，俗话说万事开头难，一开始肯定会遇到很多麻烦，所以在这方面就需要我们有一定的耐心了。

 代销的"淘宝"商品没货了怎么办？

有许多朋友在网上或者"淘宝"代销产品到"速卖通"店铺进行销售，有时候会遇到"速卖通"店铺这边出单了，再到网上准备进货给客户发货时，却发现自己销售的这个产品被商家下架了或是没有货了，这是很多新手朋友的困扰，这时候该怎么办？

以下我推荐 3 个小工具解决大家这方面的问题。

找货神器

首先我们在网上搜索"找货神器"来到此网站首页，如图 4 – 37 所示。

图 4 – 37

点击"免费一键安装"，目前找货神器插件只支持 360 浏览器、猎豹浏览器、UC 浏览器、Opera 浏览器，其他的暂不支持。

安装后我们打开"淘宝"网就可以找到这个产品的同款产品了，我就拿连衣裙给大家举例好了，我到"淘宝"网搜索蕾丝连衣裙，并且随机打开了一个产品，然后找货神器就会自动为我推荐此连衣裙的同款且低价格的产品，如图 4 - 38 所示，这样一来即使这款产品显示下架了我们也一样可以匹配出同款产品，避免了我们找不到同款货源的问题。

图 4 - 38

现在这款连衣裙的价格是 158 元，找货神器给我们推荐了很多款一模一样的蕾丝连衣裙，且最低价格是 21 元，比现在这款连衣裙便宜很多，这时候我们随意点击一款连衣裙，即可看到图 4 - 39 所示的查询结果。

图 4 - 39

这里推荐的同款产品价格不一,我们选择一款产品后点击 "立即进货",即可来到阿里巴巴进行批发,找货神器这款工具非常方便地突破了我们找货的瓶颈。我们在找一个产品的时候可以利用找货神器多记录几个商家,这就可以避免有了订单没有货的情况。

淘淘搜

淘淘搜是一个利用图片来搜索产品的网站,同时也是一个可以解决我们前面说的有订单、无货源的网站,很可惜的是目前淘淘搜暂时仅支持服饰鞋包产品的查询。淘淘搜究竟该如何使用才能够找到我们店铺订单缺失的货源呢?

首先网上搜索淘淘搜,然后打开淘淘搜网站,如图 4-40 所示。

图 4-40

我们可以在搜索框上传商品图片或输入产品名称来搜索同款产品,下面我以连衣裙为例在 "速卖通" 随机找一款连衣裙作为演示,如图 4-41 所示,

图 4-41

这是我在"速卖通"找到的连衣裙。

假设这件连衣裙是我们店铺的产品，然后这个产品也是我们在网上找的货，现在我们到上家那边拿货，突然上家说没有货了，这时候我们该怎么办？

首先把现在这个连衣裙的图片保存到电脑桌面，然后把这件产品的图片上传到淘淘搜，再选择裙子进行查询，即可查询到关于这件连衣裙的同款货源，如图 4-42 所示。

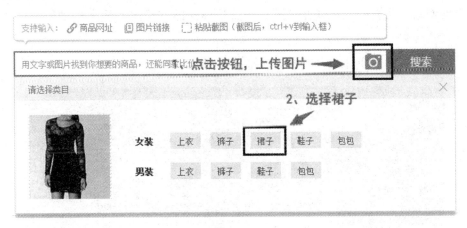

图 4-42

我们按照流程操作完成后，系统会自动查询，之后我们可以看到图 4-43 所示的搜索结果。

图 4-43

在结果页面我们点击一个产品进入"淘宝"网即可进行采购,在采购的时候记得咨询店家产品质量情况,多留意产品的评价,看看网上的消费者对这件连衣裙的点评,最好自己买一件回来检查一下,这是对自己以及客户负责。

百度识图

百度识图是一个通过图像识别和检索技术,提供全网海量、实时图片信息的网站,我们可以通过上传图片寻找目标商品的信息,那么百度识图该如何找货源呢?

首先我们打开百度识图网站,如图 4-44 所示。

图 4-44

在这里有个本地上传按钮,我们把要查询产品的图片上传到百度识图即可,现在我们拿一件"速卖通"的女士 T 恤来做一个演示,如图 4-45 所示。

图 4-45

与淘淘搜的操作流程相同，我们还是先把这件 T 恤的图片保存到电脑桌面，然后上传到百度识图进行检索，查询之后的结果如图 4 - 46 所示。在图片右边找到了两个同款 T 恤，接下来我们点击一下白色标志的 T 恤看看有什么结果。

图 4 46

如图 4 - 47 所示，我们可以看到有一个图片的来源网址，我们点击查看这张图片的来源信息，或者点击"识图一下"再次识别这张图片，这里我们就不再识别了，直接点击来源网址，看看是什么信息吧。

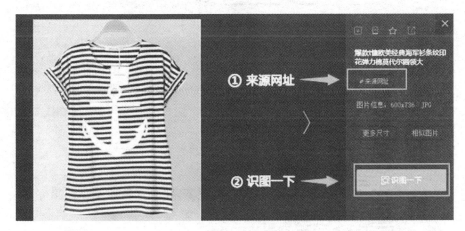

图 4 - 47

如图 4 - 48 所示，我们找到了图片所在的商品链接，点击"去'淘宝'购买"按钮，我们看看"淘宝"网是不是有这个产品，如图 4 - 49 所示。

此时我们就找到了和"速卖通"那件 T 恤一模一样的同款货源了，是不是很简单呢？找到货源后我们就赶紧联系商家拿货，检查好货物没有问题后就给"速卖通"的客户发货吧。

爆款T恤欧美经典海军衫条纹印花弹力棉莫代
尔圆领蝙蝠衫大码装女-淘宝网

分享了这个宝贝

❤喜欢 0 买 收进杂志 0 去淘宝购买 ¥39

图 4 - 48

图 4 - 49

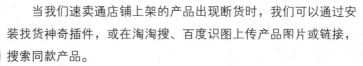

小贴士

当我们速卖通店铺上架的产品出现断货时，我们可以通过安装找货神奇插件，或在淘淘搜、百度识图上传产品图片或链接，搜索同款产品。

但大家一定要切记，在找到货源后我们不要匆忙地采购回来发货，我们必须看商品的评价，以及产品的描述介绍，最好是采购回来检查确定产品没有问题再发货。如果不检查的话，等速卖通客户收到产品发现有问题，后面的纠纷、差评可是会对我们店铺产生很大影响的哦。

第三节 如何给产品科学合理定价 + 产品登记管理表格

给产品定价的时候，要考虑哪些费用？了解产品有哪些支出费用的同时，如何用传统方法来计算产品定价？随着产品数量的增加计算工作量不断增加，有没有什么方法可以快速计算产品价格？本节将为大家介绍如何利用表格快速高效率地给产品定价。协助大家抛弃拿书本记录和管理产品这一费时费力的工作，进入轻松高效率的表格管理产品之旅。

54 产品包含的支出费用有哪些？

在找到产品准备上架到"速卖通"店铺之前，我们需要知道自己的产品都包括了哪些支出的费用，否则的话我们就无法给产品一个具体的定价了，那么一个产品在"速卖通"销售真的就只包含了成本和运输的费用吗？

其实大部分新手朋友都不是太清楚我们的产品具体包含哪些费用，往往有部分新手朋友都是直接按照产品成本＋产品运费这两项支出作为产品的所有支出费用，其实产品包含的大致费用有产品批发价格、国内运费、国际运费、挂号费、平台手续费5%，希望大家能够弄明白我们自己产品的这些支出成本，在后面才好给产品定价，否则我们定的价格也是不合理的。

很多朋友起初没有弄明白产品的支出费用，在接到订单后仔细一核算才发现居然还要亏钱，所以在我们给产品定价之前就必须认识到产品都有哪些支出费用，否则的话就会得不偿失了。

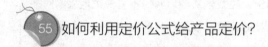

55 如何利用定价公式给产品定价？

在了解完产品的支出费用后，怎么给产品定价呢？在"速卖通"给产品定价是一项非常重要的工作，如果粗心大意会导致我们亏损，所以在给产品定价时要确保卖出去的产品能够盈利，因为这将关乎我们整个店铺未来的发展。

首先我们要给产品确定一个价格就需要了解产品定价的计算公式，一般情况来说价格是按照这个公式来计算的：成本＋运费＋平台交易费＋利润＝销售价格。就是把所有支出的费用加上利润，就等于我们实际销售的价格，这一点我相信大家都能够理解。比如一条项链我们在"淘宝"网进货价是20元，卖家不包邮需要运费5元，那么这时我们的进货成本就是20元＋5元＝25元，假设项链的重量为30克，由于前期还不知道产品是发往哪个国家，那么我们可以按照在"速卖通"采购量最大的国家来计算邮政小包运费，也可以取一个平均运费来计算，这里我就按照邮政小包俄罗斯的运费单价86.67元/KG来计算，运费就是86.67元/KG×0.03KG≈2.6元，挂号费为8元，总运费是2.6元＋8元＝10.6元，平台交易费5%，再加上我们想要赚取的利润计算完后就是我们的销售价格了。

如果我们用最传统的方法使用计算器来计算产品价格会很浪费时间，因为在我们给产品实际定价过程中产品运费不一致，这就要我们把每个产品都用计算器计算一遍，一个产品花掉几分钟来计算，那么一百个产品呢？这过程需要花费我们大量的时间，工作量将无法想象。

有没有一种方法能够提高我们的效率快速计算出产品销售价格呢？答案是有的，我们可以利用Excel表格来实现高效率的产品价格计算。此种方法只需要我们把产品具体的参数输入到表格中，比如：运费单价、产品重量、成本、利润率等输入到表格，系统会自动计算，并在几秒钟后给出我们结果，

这当中可以节省我们大量的时间，所以还在为复杂的计算公式烦恼的，或者还是不太明白的朋友请看下面的定价技巧学习如何快速计算定价。

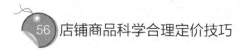

56 店铺商品科学合理定价技巧

前面我们说了表格可以高效率地给我们计算产品定价，那么怎样利用表格实现高效率并且科学合理的定价呢？

运费计算器

首先我们来看一下我一直使用的产品定价表格，如图 4－50 所示。

图 4－50

在这个表格里只要输入产品主要参数，就可以自动计算出产品需要卖多少美金，非常方便，关于表格大家叫以参照制作也可以联系我索取。下面我们来了解下这个表格如何使用。表格的第一项是运费计算器，我按照中国邮政挂号小包来举例，比如我们的产品重量是 200 克，要发往俄罗斯，我们来计算一下需要多少运费。

在写这篇文章的时候中国邮政挂号小包发往俄罗斯的包裹每千克标准运费价格是 86.67 元，挂号费是 8 元，我们来利用表格计算一下运费是多少，

请看图 4-51。

运费计算器				
运费单价(单位:元/千克)	产品重量(单位:克)	挂号费(单位:元)	运费折扣(单位:%)	国际运费(单位:元)
86.67	200	8	90.00%	22.8

图 4-51

我们在运费单价这里输入 86.67，这是我们计算发往俄罗斯的标准运费，产品重量这里输入产品的实际重量 200 克，挂号费这里填上 8 元，运费折扣这里如果没有折扣就填写 100% 即运费不打折，如果是九折就填上 90% 即可，输入完之后在国际运费这里会自动计算出运费价格为 22.8 元，这个 22.8 元就是我们这个产品发往俄罗斯的运费。

产品利润和售价计算器

了解完运费计算器后，我们接下来介绍下产品利润和售价计算器，在这里我们可以计算产品需要赚多少利润，以及包含利润后实际销售美金数，那么怎么计算呢？我们也来举例说明一下，比如：我们的产品是在网上进货的，批发成本是 20 元，现在我们的计算结果如图 4-52 所示。

产品利润和售价计算器			
原价(成本价)(单位:元)	国内运费(单位:元)	国际运费(单位:元)	利润率(单位:%)
20	5	22.8	50.00%
人民币对美元汇率(单位:1:X)	速卖通佣金(单位:%)	利润(单位:元)	速卖通售价(单位:美金)
6.2485	5.00%	23.9	12.08

图 4-52

如果我们是在网上进货，批发商不包邮需要付运费 5 元，那么在国内运费这里填上 5 元，如果是卖家包邮的我们填写 0 元即可，国际运费这里我们不需要填写了，这里的 22.8 元是调用图 4-51 中的国际运费。填写完之后我们可以调整我们的利润率，这里我填 50% 即这个产品我赚 50% 利润。下面是人民币对美金的汇率，这里可以根据美金的实时汇率进行填写，在我写文章的时候美金的汇率是 6.248 5，那么填上 6.248 5 就可以了。后面一个是"速卖通"佣金，这里填写平台收取的佣金5%即可，这些地方填写完后表格会自动输出利润为23.9元，利润这个地方是表格的输出值，是自动计算出来的所以不能变动，如果想要利润这个地方变动数值，我们可以调整利润率，现在我们填的是50%，当我们把利润率调整为60%后利润这个数字是会变动的。在后面就是"速卖通"售价的位置了，这个地方也是不能变动的，它也是系统自动计算后输出的值，意思就是我们如果在"速卖通"把这个产品销售价格定为12.08美金的话，我们卖出一笔就赚人民币23.9元。

折扣后售价计算器

我们前面计算完产品的定价后，已经确定下来了这个产品要卖多少钱，那么在以后的销售过程中我们肯定也需要给产品做折扣，这一部分我们就来讲解一下折扣后售价计算器。

如图4-53所示，在这个计算器的"速卖通"售价这里我们不要输入，因为这个地方也是调用4-52上面的"速卖通"售价数据的，所以我们只需要在折扣下面输入我们想要给产品做的折扣即可，这里我输入30%即给产品打折30%，如果大家需要给产品打五折就可以输入50%，其他的地方我们不需要变动因为那都是输出值，现在我们看到这个产品打了30%折扣后实际销售价格为8.456美金，折扣后的利润为RMB2.39元。

折扣后售价计算器

速卖通售价(单位:美金)	折扣(XX% Off)	折后价格(美金)	折后利润(元)
12.08	30.00%	8.456	2.3954502

图4-53

小贴士

在表格计算中我们提到不能输入的地方希望大家一定注意不要输入，因为那是输出值，如果我们输入了，表格里面的计算公式就没有了，会影响表格的计算和调用功能。

 每个产品定价不一样如何管理？

在给产品定好价以后，我们发现要管理这么多的产品价格也是非常烦琐的，很多人不会管理多个产品的价格，导致最后要花费很多时间去重新核算，因此一开始我们就要登记管理产品。

通常情况下很多朋友都是这样管理产品的，拿本子记录下产品的批发价、售价，也有的只留进货单来看产品价格。这些方法会浪费我们大量时间，都不是高效率的办法，我们需要的是一种高效率非常直观的可以管理产品的方法，那么有什么方法能够做到这样呢？答案就是用表格管理产品。

如果用本子记录产品价格的话，会导致我们的产品管理很混乱，产品出单后核对利润的时候要拿本子翻来覆去地找产品进货价，这样来管理产品如果产品少还好，一旦产品多了将会是一件非常痛苦的事情，所以我们可以利用 Excel 表格来统一管理。

利用表格我们可以很规范地管理大量的产品，以后再来找产品的时候在表格里面查询一下就立刻找到产品的所有信息了，产品进价、产品重量、产品售价等一目了然。如果有朋友是从网上批发产品的话就更方便管理了，使用表格把批发产品的链接登记在表格里面即可，下次产品出单就可以非常方便地找到产品的进货网址来拿货了。

58 如何利用表格高效率管理产品？

经过前面的介绍，我们知道可以利用表格高效管理商品，那么如何利用表格来管理产品呢？其实非常简单，这种管理产品的表格大家一看就会制作了，我常用的产品管理表格如图 4 – 54 所示。

表格中的编号表示可以输入产品的编号，方便我们后期来查询产品，图片这里可以把产品图粘贴过来方便我们清楚地查看产品，产品网址即"速卖通"店铺的产品链接，采购网址即到网上批发产品的链接，方便我们没有库存的时候及时找到采购网址，后面就是采购价格、产品重量、成本价、售价的相关信息，这些地方大家可以根据产品的实际情况登记好，以便日后快速、

1	编号(BH)	图片	产品网址	采购网址	采购价(¥)	重量(KG)	成本($)	售价($)
2	FHLYQ1		http://www.aliexpress.com	http://www.1688.com/	35	0.3	11.37	14.78
3	BSLYQ2		http://www.aliexpress.com	http://s.taobao.com/	45	0.3	13.06	16.98
4	HBLYQ3		http://www.aliexpress.com	http://s.taobao.com/	48	0.3	13.57	17.64
5	SWXXZ4		http://www.aliexpress.com	http://s.taobao.com/	50	0.3	13.91	18.08

图 4－54

清晰地查看。

当然这个表格信息具体怎样排列大家可以根据自己的实际情况来调整，适当增加一些信息，如图4－55所示。我给大家演示的也只是一个模板，希望大家学习后能够灵活运用，特别是店铺产品比较多的朋友一定要有管理产品的习惯，这样才能够方便高效的管理产品。

1	编号(BH)	图片	产品网址	采购网址	采购价(¥)	重量(KG)	运费96.5/KG(¥)	利润率(XX%)	利润(¥)	售价($)	折扣率(XX%)	折后价格($)	折后利润(¥)
2	FHLYQ1		ttp://www.aliexpress.com	ttp://www.1688.com	35	0.3	36.95	50.00%	35.98	18.62	30%	13%	3.58
3	BSLYQ2		ttp://www.aliexpress.com	ttp://s.taobao.com	45	0.3	36.95	50.00%	40.90	21.21	32%	14.423	1.63
4	HBLYQ3		ttp://www.aliexpress.com	ttp://s.taobao.com	48	0.3	36.95	50.00%	42.48	21.99	33%	14.73	0.429
5	SWXXZ4		ttp://www.aliexpress.com	ttp://s.taobao.com	50	0.3	36.95	50.00%	43.48	22.51	30%	15.757	4.36

图 4－55

第五章

国际物流真的那么难懂吗?

现在越来越多的人在"速卖通"开店,作为"速卖通"新手卖家,当产品卖出去后就面临着发货问题,刚刚开店的朋友可能搞不明白国际物流,也不会设置运费模板,要发货的时候不知道如何发货,有了订单却发现运费亏了,这肯定会让大家很头疼。同时,物流又是很容易出现纠纷的环节,不把握好可能会让店铺面临重重危机。本章就为大家揭开国际物流的神秘面纱,解决发货的种种难题。

第一节 "速卖通"的发货流程

59 货代是什么?

做"速卖通"有了订单后就要发货,而货代就是国际物流和快递的代理公司,"速卖通"很多卖家都是找货代公司发货的,为什么他们不直接找物流公司发货呢?因为如果直接找物流公司发货可能没有太大折扣,而找货代公司也许有折扣可拿,发货的价格会更低一些。

为什么找货代公司发货价格会更低一些呢?这里还是以大家常发的中国邮政物流为例来介绍吧,简单说货代就是收集卖家的包裹,统一将包裹送到中国邮政去发货,包裹多肯定运费会给大的折扣。例如,中国邮政给货代七折，我们找货代发货可能拿八折，如果我们自己直接找中国邮政发货可能是给全折，货代就是通过收集大量的货压低运费从中赚这个差价的，所以这就是为什么很多人都找货代发货的原因。

 **各大国际物流的介绍**

知道货代是什么后我们来了解一下国际物流，刚刚接触国际物流的朋友应该会被那么多物流弄晕了，其实这和国内物流差不多，我们在国内寄快递一般都是找申通、圆通、中通、韵达、顺丰等快递，各个快递发货价格不一样，但寄快递的方式都是差不多的，国际快递也和国内快递类似，只是比国内快递运费贵，并且运送时间更长。那接下来我们就来认识一下各大常见的国际物流吧。

邮政小包

常用的邮政小包物流渠道有：中国邮政小包、香港邮政小包、新加坡邮政小包等，各类邮政小包是通过万国邮政联盟寄送到全球的，在世界各地只要有邮政的地方就可以送到。

小包又分为挂号小包和平邮小包，挂号小包比平邮小包多出了一个挂号费，小包挂号了就可以在网上跟踪查询物流信息，而平邮没有可网上跟踪的服务。

一般寄送一些体积小重量轻的产品可以选择邮政小包物流，邮政小包限制只能寄2千克以内的物品，计费按照克来计算，外包装也限制了长宽高相加之和要小于90厘米，比如长宽高分别是30厘米、30厘米、30厘米那么相加就是90厘米，长度最长不能多于60厘米。邮政小包以美国为例，运送时间为20~50天，优势就是价格便宜，且通关能力强。至于具体价格可以在各个物流的官网查询，也可以找合作的货代咨询。

邮政大包

除了邮政小包还有邮政大包，邮政大包基本上和小包差不多，邮政大包的计费方式按照每千克来计算，一般是首重1千克续重1千克，限制的最高

重量因各个国家不同而有所区别，请以官网为准。邮政大包寄往美国和小包时间差不多，也是 20～50 天，优势也是价格便宜且通关能力强。

经过对小包和大包的介绍，相信大家对邮政物流有了一定的了解，这里建议大家如果销售的产品价格比较低，对时间要求也不高，可以选择发中国邮政小包或大包。

国际快递

常用的国际快递包括 EMS、UPS、DHL、FedEx、TNT 等，由于是快递它们的运送时间都比较快，一般 3～7 天之内送到，但是快递发货除了有运费以外还要收取其他费用，包括燃油费、附加费、抛货。抛货就是体积重量大于实际重量，按体积重量计费。

这里我先介绍 EMS 吧，EMS 的通关能力相对较强，运送时效为 4～7 天，计费方式按照首重 0.5 千克，续重 0.5 千克计算。EMS 价格会相对贵一些，另外 EMS 不计算燃油费、抛货和偏远地区附加费，但是要加 4 元报关费。

UPS、DHL、FedEx、TNT 这 4 大快递计费方式也是按照首重 0.5 千克，续重 0.5 千克计算，这 4 大快递会计算燃油费、偏远地区附加费、抛货，速度比较快，但是费用会比较贵。

国际快递介绍到这，我相信大家也有一定的概念了，如果想具体地了解国际快递相关信息，可以进入各大快递的官方网站进行查询。

小贴士

如果大家选择发快递的话给大家一些建议，对于买家要求发货时间特别紧急的发UPS，速度特别快。小件货发DHL价格有优势，大件货发FedEx价格比较实惠，还可以运费到付。如果是给属于军事战乱较多地区的买家发货，建议发TNT快递，但是价格比其他几个快递都贵。

61 如何联系货代发货？

找货代公司可以到论坛去找，货代在论坛是很活跃的，可以经常在帖子中看到他们的身影。另外还可以在百度搜索"地区＋国际货代"查找到他们的网站。此外，我们还可以去 QQ 群找货代，基本上每个"速卖通"的 QQ 群都会有货代在。另外 QQ 的查找功能也可以搜索，就和我们平时用 QQ 找人的方式一样，输入"地区＋国际货代"就可以找到了。

在网络上我们能运用各种查询方式找到货代，但是想找到满意的货代。比如要找物流进度更新快，服务态度好，负责任，包裹丢了有保障，送货时效稳定的却很难，这些也是我们找货代最关注的，那么如何能够找到可靠的货代公司呢？

最重要的一点就是要查看货代是否有注册公司，如果公司都没有注册怎么能让人相信呢？现在查询公司是否注册很方便，只要在工商局企业信用公示系统输入公司名称即可找到。我们找货代公司不一定要找价格最便宜的，最重要是要找稳定的、诚信的。如果货代在我们附近大家可以直接去他们公司了解下发货情况，问清楚货物发出后的保障等问题，同时也可以看看他们公司的实力，有实力的货代公司相对比较有保障。如果大家觉得合适也可以先给货代部分包裹让他们发一下试试看，看包裹物流信息更新快不快，运输时效稳定不稳定，服务态度好不好等，最终确定是否可信。

62 线上发货是怎么操作的？

新手卖家接到第一个订单经历短暂的兴奋后就会进入困惑期，这个困惑多半就是不知道在"速卖通"如何发货。发货方式有线下发货、线上发货。线下发货就是找货代发货，但是很多卖家由于地域原因线下发货很不便，所以通常都选择线上发货。线上发货的物流是"速卖通"官方合作的，更有保障，它非常适合不懂国际物流操作的新卖家，能够让大家便捷地发货。这里我就以线上发货为大家演示，解决大家的困惑，让大家明白线上发货的整个流程。首先我们点击后台的"交易"——"管理订单"——"所有订单"，如图 5-1 所示。

在"等待您发货"这里我们可以看到所有未发货的订单，然后每个产品后面都有两个按钮，"填写发货通知"、"线上发货"。自己联系货代发货的就可以直接点击"填写发货通知"填写运单号发货，线上发货的，我们就点击

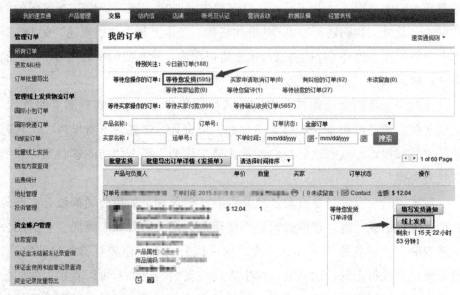

图 5 – 1

"线上发货"来到订单详情页，如图 5 – 2 所示。

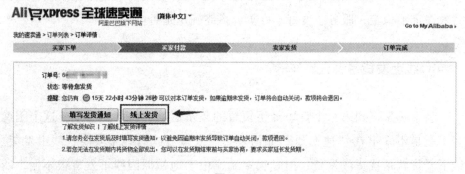

图 5 – 2

在这里我们再一次点击"线上发货"，然后选择物流方案。

如图 5 – 3 所示，我们选择一个要发货的物流服务，这里我们选择的是芬兰邮政经济小包，选择后点击"下一步，创建物流订单"即可，如图 5 – 4 所示。

在图 5 – 4 中提示说有些物流服务不能送达 Russian Federation（俄罗斯），所以在选择物流方案时我们是看不到这些方案的。

物流方案创建后，进入图 5 – 5 所示界面，在这里我们要填写国内物流信

图 5 - 3

图 5 - 4

息，也就是我们要选择国内快递把产品发货到仓库，所以下面会有申请上门揽收、国内快递、国内物流单号。申请上门揽收功能并不是所有地区都支持，想知道我们所在地区是否支持可以点击后面的"查看详情"了解。如果在支持范围就可以勾选上，否则不要勾选，勾选后就不用我们寄快递到仓库了，会有人上门揽收。下面是国内快递，这里我们可以选择通过哪个国内快递发货，比如圆通、中通、申通、韵达等，下面的国内物流单号，只要填写国内快递的单号即可，然后下面填写包裹信息。

如图5-6所示，包裹信息包含中文品名、英文品名、产品件数、申报金

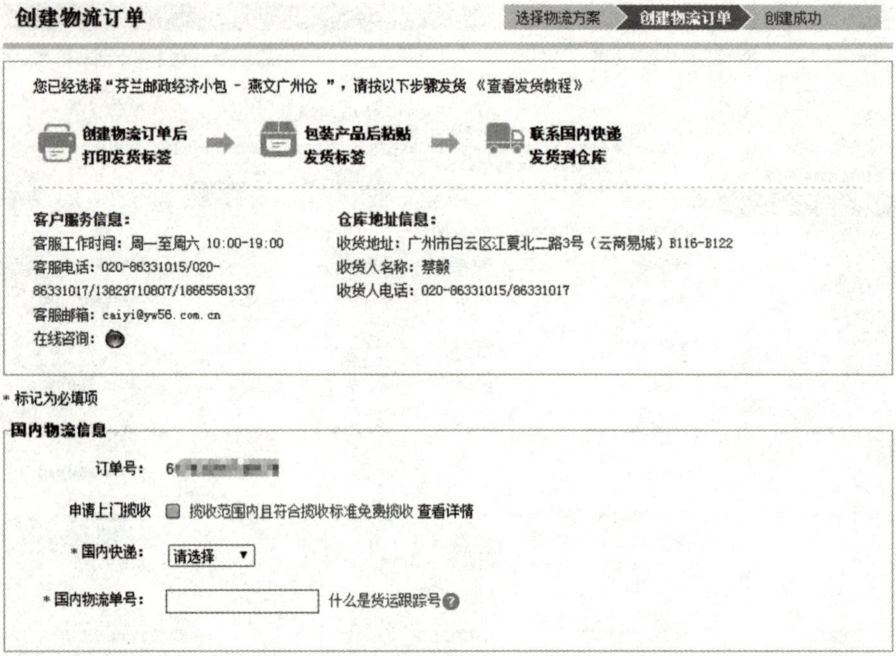

创建物流订单

选择物流方案 ▶ **创建物流订单** ▶ 创建成功

您已经选择"芬兰邮政经济小包 – 燕文广州仓",请按以下步骤发货 《查看发货教程》

🖨 创建物流订单后
打印发货标签 ➡ 📦 包装产品后粘贴
发货标签 ➡ 🚚 联系国内快递
发货到仓库

客户服务信息：
客服工作时间：周一至周六 10:00-19:00
客服电话：020-86331015/020-
86331017/13829710807/18665581337
客服邮箱：caiyi@yw56.com.cn
在线咨询：💬

仓库地址信息：
收货地址：广州市白云区江夏北二路3号（云商易城）B116-B122
收货人名称：蔡毅
收货人电话：020-86331015/86331017

* 标记为必填项

国内物流信息

订单号： 6████ ████

申请上门揽收 ☐ 揽收范围国内且符合揽收标准免费揽收 查看详情

* 国内快递： [请选择 ▼]

* 国内物流单号： [　　　　　] 什么是货运跟踪号❓

图 5 – 5

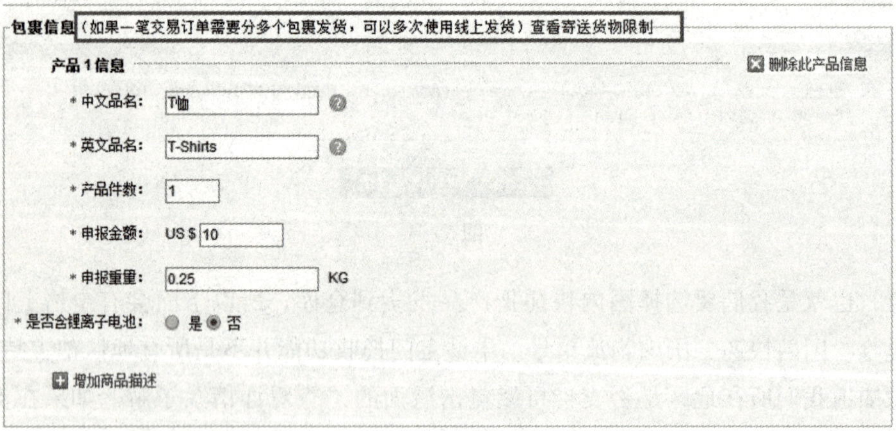

包裹信息（如果一笔交易订单需要分多个包裹发货，可以多次使用线上发货）查看寄送货物限制

产品1信息　　　　　　　　　　　　　　　　　　　　　　❌ 删除此产品信息

* 中文品名： [T恤] ❓

* 英文品名： [T-Shirts] ❓

* 产品件数： [1]

* 申报金额： US $ [10]

* 申报重量： [0.25] KG

* 是否含锂离子电池： ○ 是 ◉ 否

➕ 增加商品描述

图 5 – 6

额、申报重量、是否含锂离子电池，这些信息填写好点击"确定"，之后打印发货标签即可，如图5 – 7所示。

发货标签需要自备打印机打印，可以用 A4 纸、热敏纸打印，打印出来后需要把发货标签贴在包裹的外包装上，之后把包裹发往仓库。在图5 – 7中我

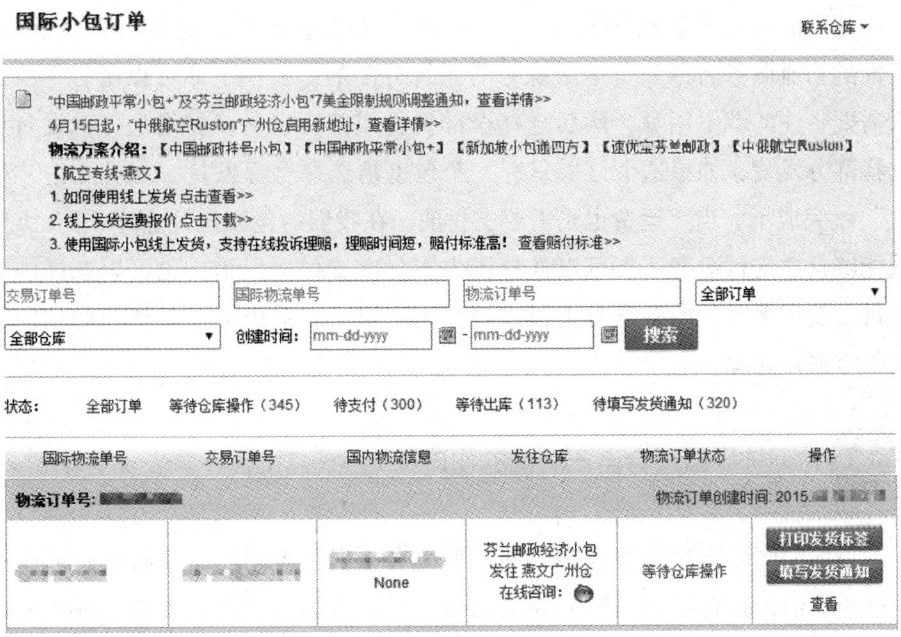

国际小包订单

"中国邮政平常小包+"及"芬兰邮政经济小包"7美金限制规则调整通知，查看详情>>
4月15日起，"中俄航空Ruston"广州仓启用新地址，查看详情>>
物流方案介绍：【中国邮政挂号小包】【中国邮政平常小包+】【新加坡小包递四方】【速优宝芬兰邮政】【中俄航空Ruston】
【航空专线-燕文】
1. 如何使用线上发货 点击查看>>
2. 线上发货运费报价 点击下载>>
3. 使用国际小包线上发货，支持在线投诉理赔，理赔时间短，赔付标准高！ 查看赔付标准>>

| 交易订单号 | 国际物流单号 | 物流订单号 | 全部订单 ▼ |

| 全部仓库 ▼ | 创建时间: mm-dd-yyyy - mm-dd-yyyy | 搜索 |

状态： 全部订单 等待仓库操作（345） 待支付（300） 等待出库（113） 待填写发货通知（320）

国际物流单号	交易订单号	国内物流信息	发往仓库	物流订单状态	操作
物流订单号：				物流订单创建时间: 2015.	
		None	芬兰邮政经济小包 发往 燕文广州仓 在线咨询:	等待仓库操作	打印发货标签 填写发货通知 查看

图 5-7

们可以看到系统要求我们将包裹发往燕文广州仓。打印好我们再次点击"填写发货通知"，进入图 5-8 所示界面。

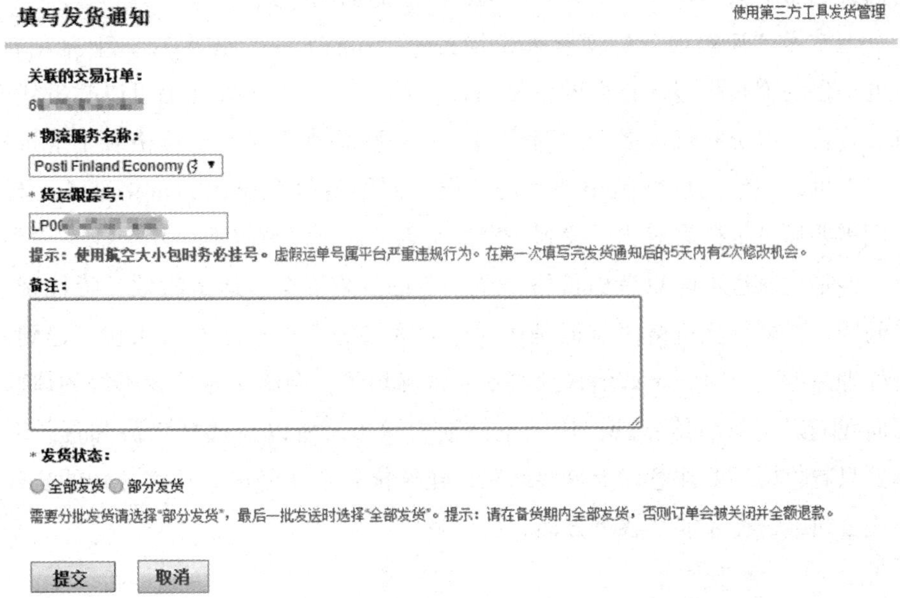

填写发货通知

关联的交易订单：
6

* 物流服务名称：
Posti Finland Economy (3 ▼

* 货运跟踪号：
LP00

提示： 使用航空大小包时务必挂号。虚假运单号属平台严重违规行为。在第一次填写完发货通知后的5天内有2次修改机会。

备注：

* 发货状态：
○ 全部发货 ○ 部分发货
需要分批发货请选择"部分发货"，最后一批发送时选择"全部发货"。提示：请在备货期内全部发货，否则订单会被关闭并全额退款。

提交　取消

图 5-8

这里的填写发货通知有物流服务名称、货运跟踪号、备注、发货状态。上面的物流服务名称和货运跟踪号是系统分配的，备注下面可以留言，没什么需要备注的就不用写，然后选择全部发货或部分发货，如果是分批发货请选择部分发货，如果这个订单只有一个包裹请选择全部发货，之后点击"提交"就完成了。当然运费也是需要支付的，在我们的包裹送到仓库 2~3 天内就能够自主支付运费了，可以选择国内支付宝支付人民币，也可以选择国际支付宝支付美元，如果没有支付或者忘记支付了，系统会自动从我们的国际支付宝账户扣除。

 63 如何选择最适合自己店铺的物流？

目前的国际物流并不是很成熟，难免会出现很多问题，虽然它们都在不断进步，但还是有很多问题需要努力解决，不过相对于以前来说，现在的物流已经好很多了，我们只能希望国际物流能够快点成熟起来。在此大环境下"速卖通"新手卖家刚刚起步选择一家适合自己的物流尤为重要，这直接关系到店铺的买家体验、DSR、评价等，如果选择的物流时效不稳定，丢包率高，对店铺的影响会非常大，那么如何选择合适的物流呢？

通常做"速卖通"的卖家都是销售一些小件产品，主要在 2 千克左右，发的最多的就是小包，它们的价格可以在物流公司官网查询也可以找货代咨询，货代一般都有代理多个物流渠道，我们联系货代要一份价格表了解价格信息即可，小包的价格是很便宜的，但不同渠道每个小包的价格都不一样，我们需要通过价格表对比后找到一家最实惠的，可以节省不少开支。

但是大家也不能只考虑价格，还要考虑货物安全、运送时效、货代诚信等问题，如果物流价格便宜但是运送时效太慢又不安全还经常丢包，遇到问题处理速度不及时，不诚信，那可就非常麻烦了，会给买家造成不好的体验，而向我们提起纠纷给差评，店铺也会损失惨重。所以在选择物流和货代时，不要只看价格还要注意以上这些问题，建议优先选择公司大且实力强的货代、物流公司，这样才能对各个方面有所保障。

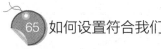 怎样包装货物减少客户纠纷？

产品包装的作用是保护产品在运输途中不被损坏，包装的精美大气还可以给买家留下良好的印象。当然也有很多纠纷是因为包装而引起的，买家收到货物后第一时间就看到产品包装，如果包装不好肯定会认为产品也不好，极大可能导致买家不满意。好的包装在保护产品的同时也会博得买家对我们的肯定，成为我们的忠实客户，所以包装是非常重要的一个环节。

怎样的包装才能减少客户纠纷呢？首先，必须把产品包装结实，如果产品在运输途中被压坏了，那么纠纷无可避免，所以产品包装最好结实点，也可以请教货代如何包装。

发衣服、袜子等不需要抗压的产品，可以使用包装袋，很轻并且节约成本，但是要注意的是包装袋要能够防水，另外要牢固不要一撕就烂。如果产品是易碎品或者是不能被用力压的，就需要做防压、防碎、防震处理，给产品里面加一层泡沫袋，外面用抗压性强一些的纸箱保护，最后用透明胶带把箱子密封好。

其实，之前做过国内电商的朋友都很明白怎么包装产品，不过国际快递我们不仅要让包装质量能得到保证，还要想办法减轻包装的重量以便节省运费。

65 如何设置符合我们店铺的运费模板？

确定好了要发货的物流渠道后，我们来看看如何设置运费模板吧。我们首先打开后台的"产品管理"——"模板管理"——"运费模板"，如图5－9所示。

点击"新增运费模板"后输入运费模板名称，如果有海外仓可以点击"点此申请海外发货地设置权限"申请，如图5－10所示。这一步设置好了后点击"保存"按钮。

下面开始编辑运费模板，由于大部分卖家都会通过中国邮政挂号小包发货，我们这里就以邮政小包为例来演示，只要学会了设置邮政小包的运费模

图 5 - 9

新增运费模板

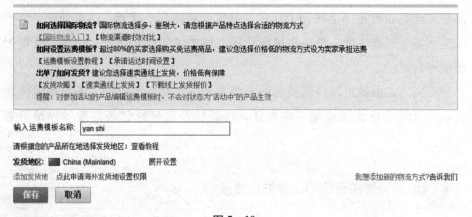

图 5 - 10

板,其他的模板也是一样的。

如图 5-11 所示,如果我们发中国邮政挂号小包就勾选上它即可,如果有多个物流渠道,那就把支持的都勾选上,我们做"速卖通"肯定要有多种物流渠道,设置的物流方式越多,买家的选择也越丰富。这里就介绍邮政小包,其他的暂不勾选了,在邮政小包这里可以直接设置标准运费、承诺运达时间、卖家承担运费三项,在标准运费这里直接输入我们给运费打的折扣即可,如果是全折就输入 0%,如果全球包邮就勾选卖家承担运费。承诺运达时间这里输入运达全球所有国家需要的天数，即若输入 60 天，代表承诺 60 天内运达全球所有国家。一般不建议直接在这里设置，我们最好自定义设置。首先，我们设置一下自定义运达时间，勾选上自定义运达时间即可，勾选后如图 5－12 所示。

图 5－11

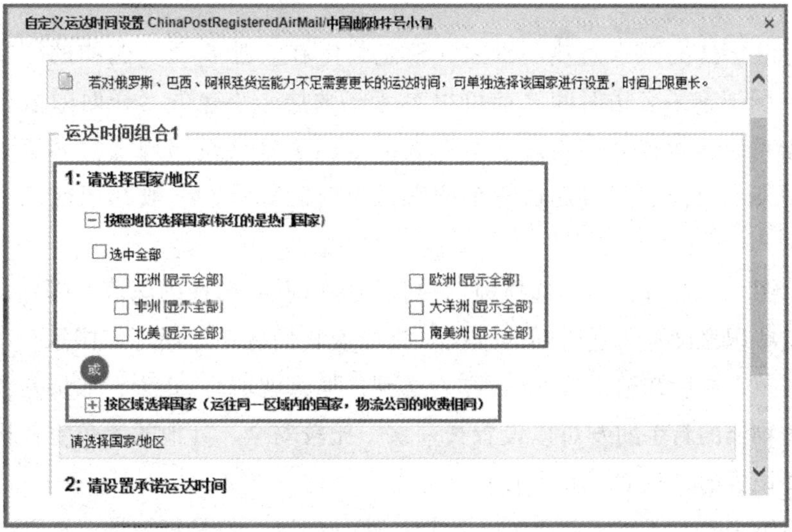

图 5－12

这是自定义运达时间设置，能给某些国家或地区设置多长时间送到。可以按照六大洲选择国家，也可以按照区域选择国家，这里我们就按照六大洲选择国家吧，首先选择非洲作为演示，点击非洲后面的"显示全部"，即可显示出所有在非洲的国家，如图 5－13 所示。

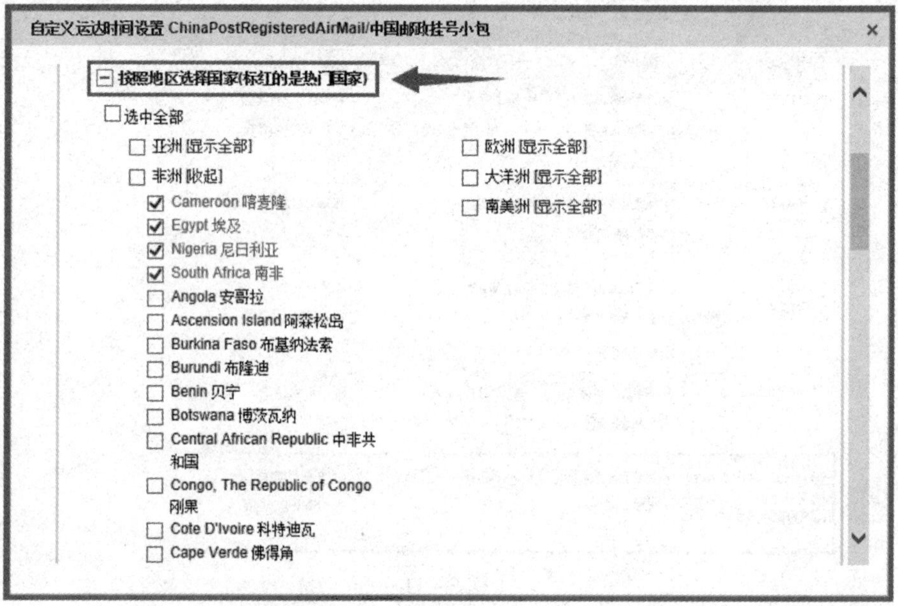

自定义运达时间设置 ChinaPostRegisteredAirMail/中国邮政挂号小包　　　　　×

☐ 按照地区选择国家(标红的是热门国家)

☐ 选中全部

　☐ 亚洲 [显示全部]　　　　　　　　☐ 欧洲 [显示全部]
　☐ 非洲 [收起]　　　　　　　　　　☐ 大洋洲 [显示全部]
　　☑ Cameroon 喀麦隆　　　　　　☐ 南美洲 [显示全部]
　　☑ Egypt 埃及
　　☑ Nigeria 尼日利亚
　　☑ South Africa 南非
　　☐ Angola 安哥拉
　　☐ Ascension Island 阿森松岛
　　☐ Burkina Faso 布基纳法索
　　☐ Burundi 布隆迪
　　☐ Benin 贝宁
　　☐ Botswana 博茨瓦纳
　　☐ Central African Republic 中非共
　　　和国
　　☐ Congo, The Republic of Congo
　　　刚果
　　☐ Cote D'Ivoire 科特迪瓦
　　☐ Cape Verde 佛得角

图 5－13

标红字体的国家是热门国家，就是经常在"速卖通"购物的国家。在设置不同国家的运送时间之前可以参考邮政挂号小包的运送时效表格，这个表格可以找货代要一份。基本上大部分国家都会按照规定时间送到，只有俄罗斯、巴西、阿根廷这三个国家送货时间较慢，一般都把这三个国家设置为 90 天送达。

如图 5－14 所示已经选择提示中我们可以看到选择的国家有哪些，下面是给这些国家设置运达时间为几天，比如说我们现在选择标红国家，参考了运达时效表格后知道需要 50 天左右送到，那么就填写 50 天，如果是没有发过这个物流的新手朋友可以设置长一些，比较安全。其他的黑色字体国家也是这样设置的，我就不多演示了。

接下来介绍下很多新手朋友比较头疼的问题，就是俄罗斯、巴西、阿根廷这三个国家怎么才能把送达时间设置为 90 天？

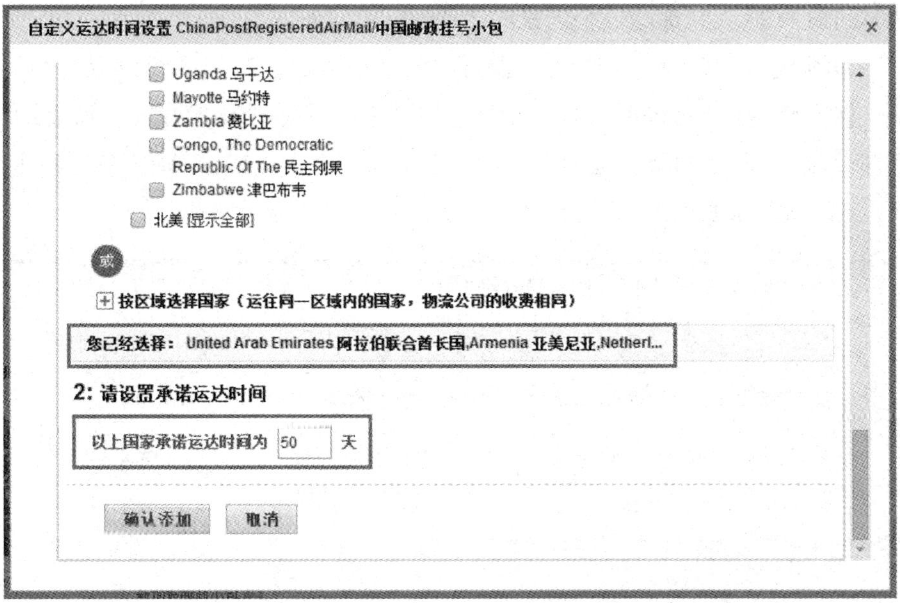

图 5 – 14

如图5 – 15所示，要想给俄罗斯、巴西、阿根廷这三个国家设置送达时间为 90 天，就只选择这三个国家，其他的国家不要选择，最后在下面的承诺运

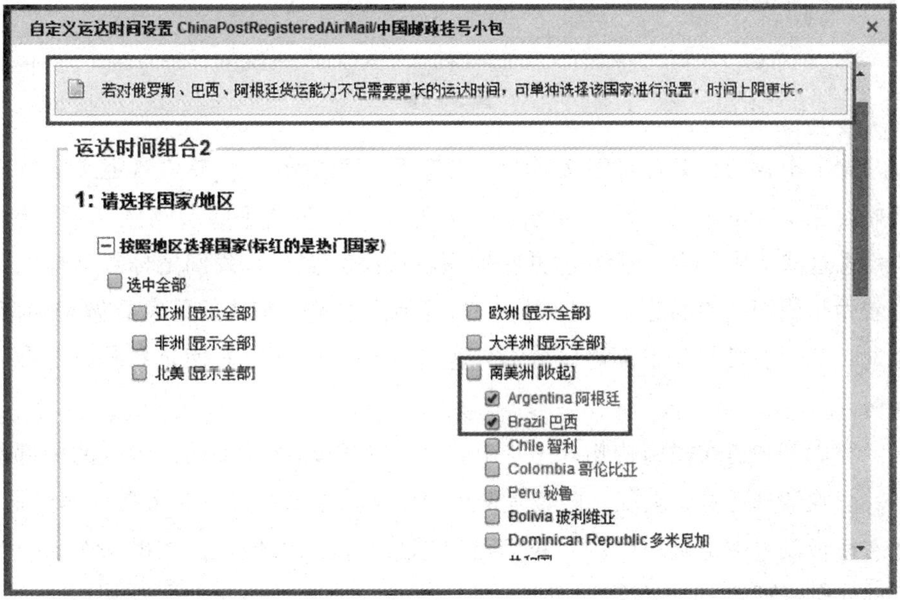

图 5 – 15

达时间输入 90 天，那这三个国家的运达时间就设置好了。

如图 5 – 16 所示，现在我们看到这三个国家送达时间已经设置为 90 天了。如果系统不支持同时选择三个国家就单独一个一个国家设置，所有的国家都设置好了以后最下面还有个提示，若买家不在以上国家/地区要设置几天呢？建议设置最长的 60 天比较好，一切都完成后点击"保存"。

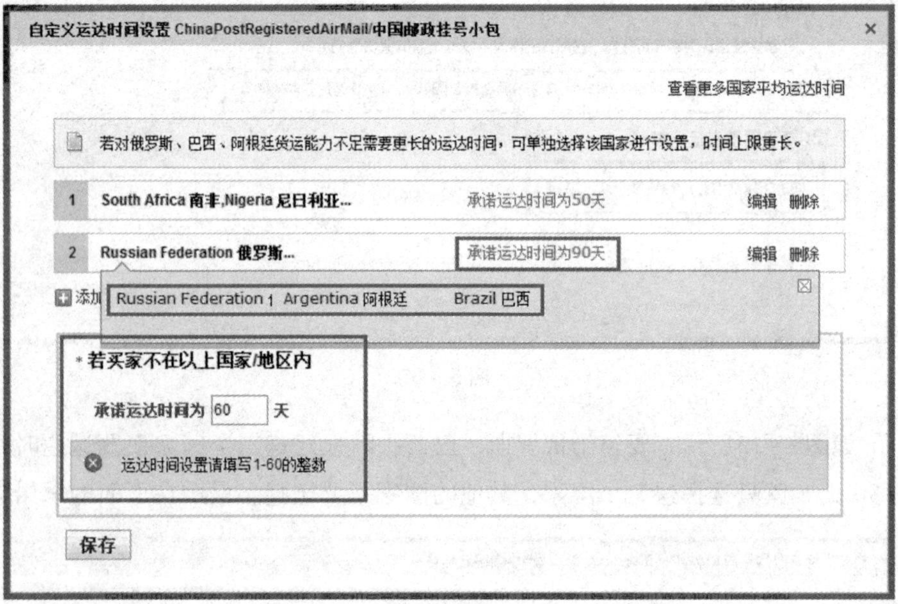

图 5 – 16

接下来我们再设置自定义运费，如图 5 – 17 所示，点击"自定义运费"，开始设置不同国家的运费，如图 5 – 18 所示。很多新手朋友刚做"速卖通"不熟悉这些国家，为了让大家更好地理解我举个例子，我们把标红字体的国家看做是我们国内的北京、上海、广东等地区，黑色字体的国家看做是湖南、湖北、江西、贵州等中部地区，另外把一些偏远的国家看做是新疆、西藏等地区。

我们都知道在国内购物北上广和江浙沪是包邮比较多的，国内的中部地区一般收部分运费，新疆、西藏等偏远地区是收全部运费。那么在"速卖通"运费模板设置中也是一样的，我们可以把某个国家看做是国内的一个省，这样就比较好理解了。

理解了之后我们和前面一样先选择国家，然后再给不同国家设置运费折

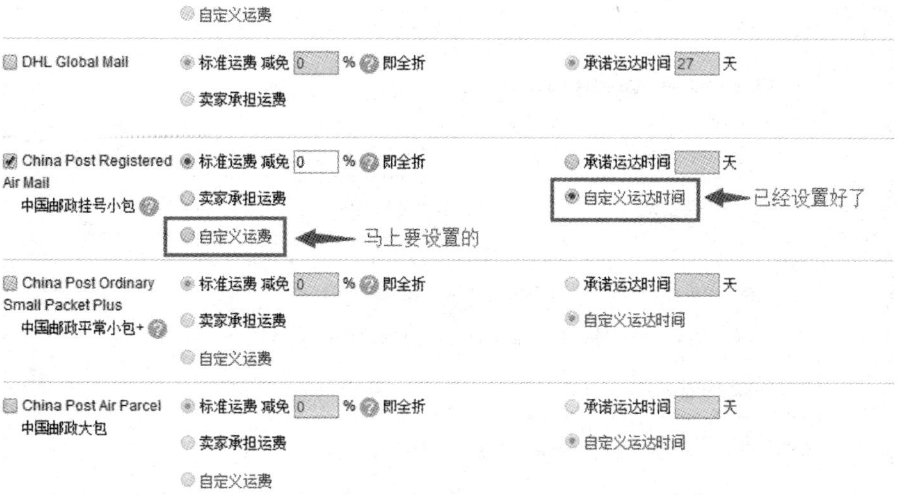

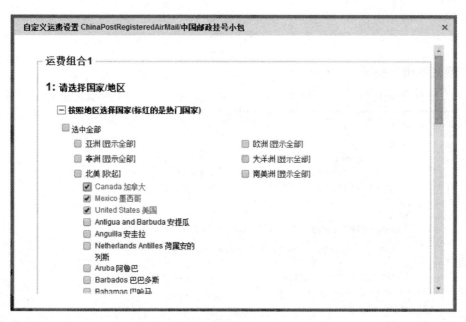

图 5－17

图 5－18

扣，演示中我就把六大洲中的标红国家都勾选上，然后设置为卖家承担运费，如图 5－19 所示。

在设置运费类型中可以选择卖家承担运费、标准运费、自定义运费中的一项，也可以选择不发货。这里我们就选择卖家承担运费，选择之后点击

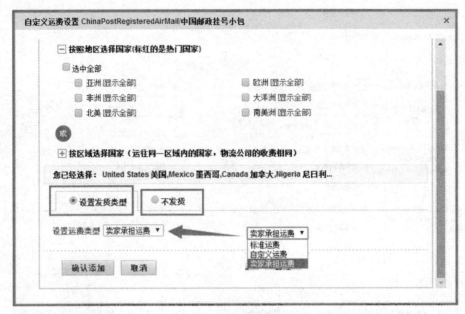

图 5 - 19

"确认添加"按钮。

下面再来设置一下不包邮的标准运费吧。如图 5 - 20 所示，选择好国家

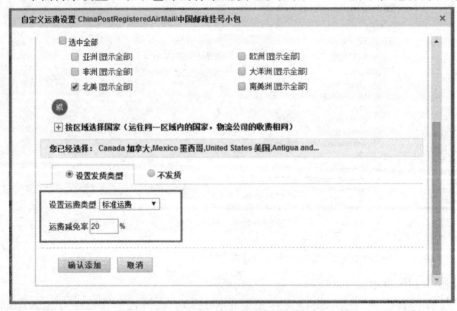

图 5 - 20

后在设置运费类型选项中选择标准运费,在图 5–20 中运费减免率我们填写的是 20%,意思是货代给了我们八折运费优惠,如果没有折扣就输入 0%,大家根据自己的折扣来填写。

接下来再看如何设置自定义运费,如图 5–21 所示,当我们在设置运费类型框中选择了自定义运费后,还需要选择按重量设置运费还是按数量设置运费。我们先介绍按重量设置运费,这里可以输入一个产品的首重千克数和运费。比如说在图 5–21 中我们填写的条件是首重 0.5 千克即 500 克,首重运费 10 美元,那么买家在购物时如果选择的产品是 0.5 千克的,那么运费就收取 10 美元。下面还可以设置续重范围是多少千克,图 5–21 中如果产品在 0.5 千克~2 千克区间内,每增加 0.5 千克就加 8 美元运费。这个应该非常好理解,相信大家也都懂。

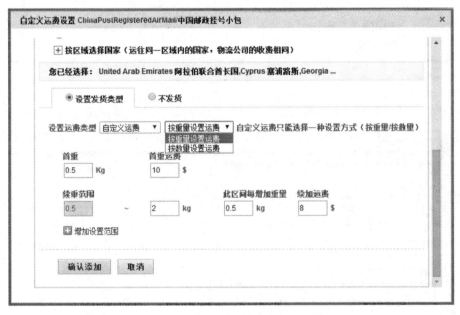

图 5–21

按数量设置运费和按重量设置运费的方式很类似,只是按数量的话就不以重量来计算而是以采购量计算运费,如图 5–22 中我们设置了最低采购量 1 个,最高采购量 10 个,意思就是买家最低买 1 个最高买 10 个产品,后面的首重运费我们填 10 美元,就是买一个产品的运费为 10 美元,每增加一个产品续加 8 美元运费。设置好了后就点击"确认添加"即可。

最后,还有一个"若买家不在我设定的运送国家或地区内"要设置大家

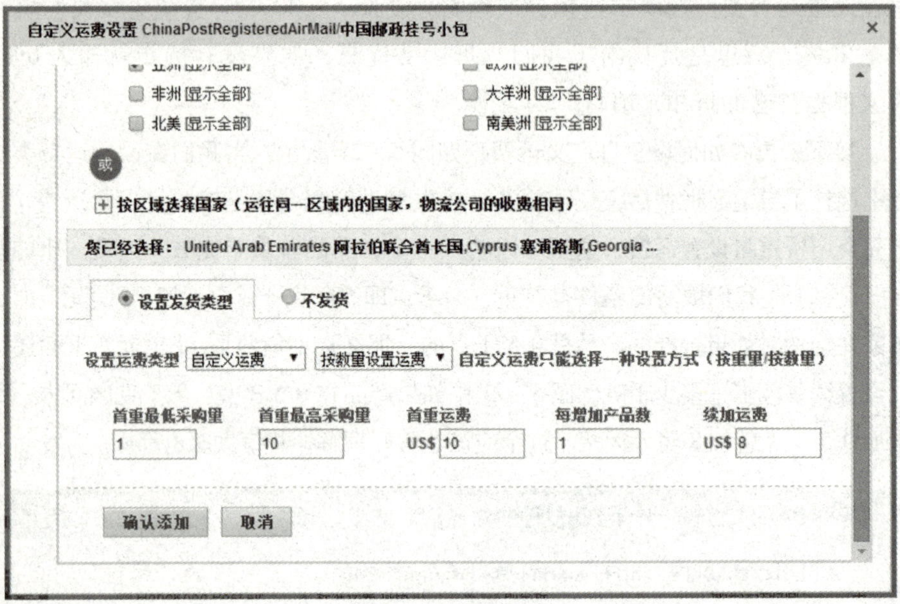

图 5 - 22

不要忘记了，如图 5 - 23 所示，买家不在我们设定的运送国家或地区，我们可以设置标准运费或者不发货。但是，我们都是做生意的最好不要选不发货

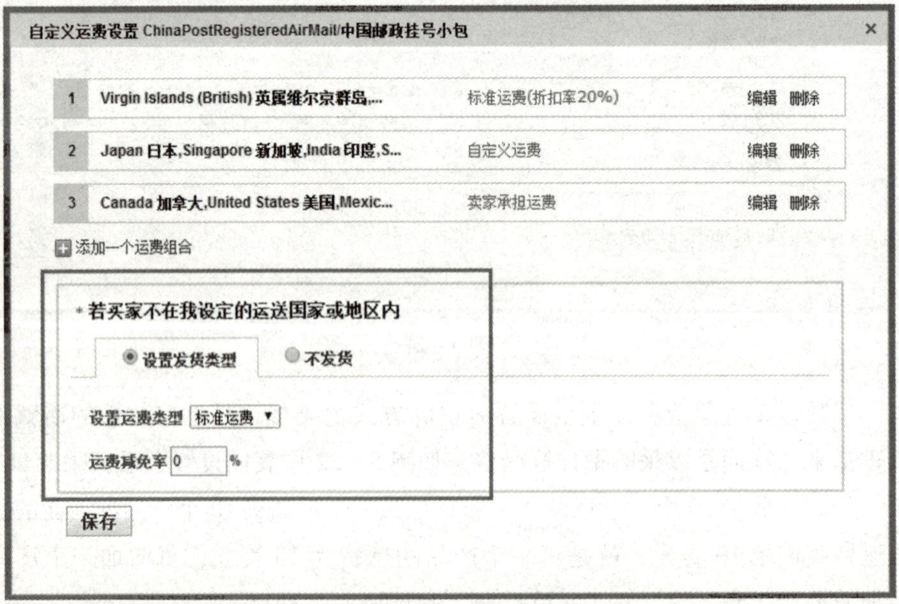

图 5 - 23

了。如果非要选择一些国家不发货可以设置为不发货，这里的标准运费我们就填写0%不给这些国家打折即可。这样整个运费模板就设置完了，最后点击图中的"保存"按钮，然后在底部再点击下"保存"，如图5-24所示。

图 5 - 24

最底部的这个"保存"按钮好多人都不注意忘记了点，大家一定要记得点击，否则辛辛苦苦做的运费模板就白费了。

≫第六章

如何发布一个高质量的产品？

所谓"快就是慢，慢就是快"，一时图快而不用心发布产品，犹如建在沙滩上的高楼大厦，根基不稳，即便建成了也很容易倒塌。很多朋友"速卖通"创业前期都无所顾忌大批量地发布产品，却没有一个是高质量的优秀产品，这未免太可惜了。发布产品不靠数量而靠质量，否则白白浪费了大量精力也无法突破流量瓶颈，到头来还得一个个修改，麻烦的可是自己。本章我着重给大家讲解如何发布高质量的优秀产品，帮助大家发布好每一个产品。

第一节　发布产品必须注意的几大细节

如何发布产品上架到"速卖通"店铺？

发布产品是店铺经常要做的工作，产品发布的好和坏直接影响店铺流量的大小，所以发布产品是一项非常重要的工作，这个内功我们一定要修炼好。那么，如何发布一个高质量的产品呢？在下面的介绍中我将边介绍边演示。

我们先到"速卖通"后台的"产品管理"——"发布产品"页面，如图6-1所示。我们点击一下"发布产品"按钮进入发布产品界面，然后选择要发布产品的类目，如图6-2所示。

这里我们就拿连衣裙做一个演示，在产品类目中选择"服装/服饰配

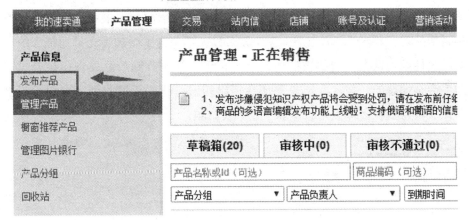

图 6 – 1

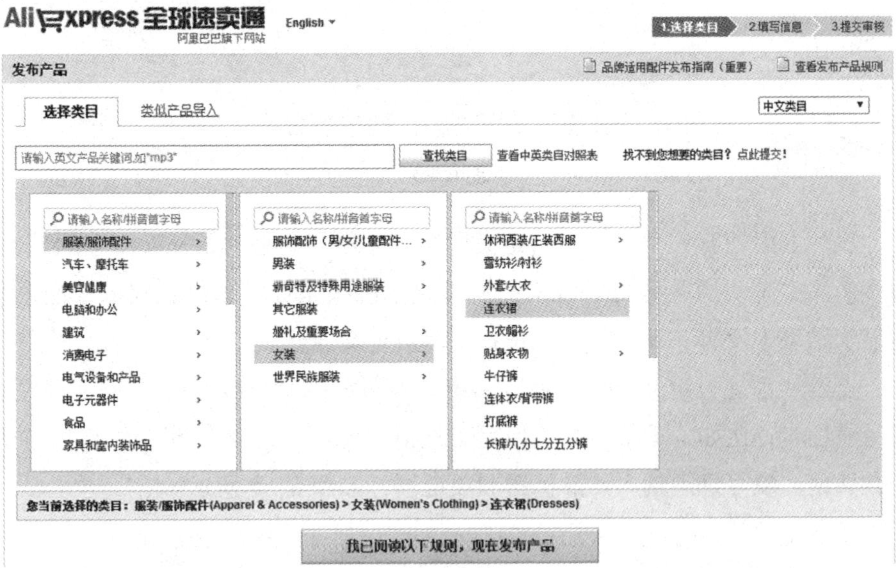

图 6 – 2

件"——"女装"——"连衣裙"，选择好类目后，点击"我已阅读以下规则，现在发布产品"，开始完善产品的属性。

如图 6 – 3 所示，产品属性提示中可以看到这么一句话："该产品所在类目下优质商品的属性填写率为 78%"，所以我们在填写产品属性的时候要把

属性填写率提升到78%以上，最好能达到100%的填写率，这样才有助于提升产品的曝光量。不过大家要切记虽然完整的属性可以提高产品曝光量，但是千万不要胡乱填写，我们拿属性中的"材质"举例，如果我们发布的连衣裙材质只有"涤纶"，那勾选上涤纶就可以，不要为了增加曝光量而把涤纶以外的属性都勾选上，假如我们还勾选了羊毛，买家收到产品发现压根就没有羊毛会很愤怒的，肯定会给差评还会提出纠纷，我们店铺收到一个纠纷或者差评，曝光量就会降下来，所以千万不要乱填。

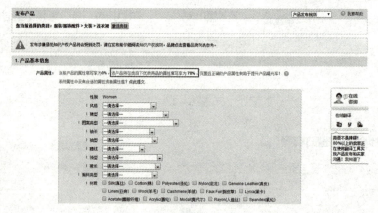

图 6 – 3

属性下面还有一个"添加自定义属性"功能，它是为了补充以上的属性，很多产品"速卖通"官方并没有把属性显示的很全面，如果我们的产品属性在显示结果中没有，那么就可以选择下面自定义属性。

点击"添加自定义属性"后，系统进入图6–4所示界面，在此界面左边填写属性名，比如：季节，右边填写属性值，比如：夏季。最多添加10个自定义属性。填写好后输入产品标题和关键词，如图6–5所示。

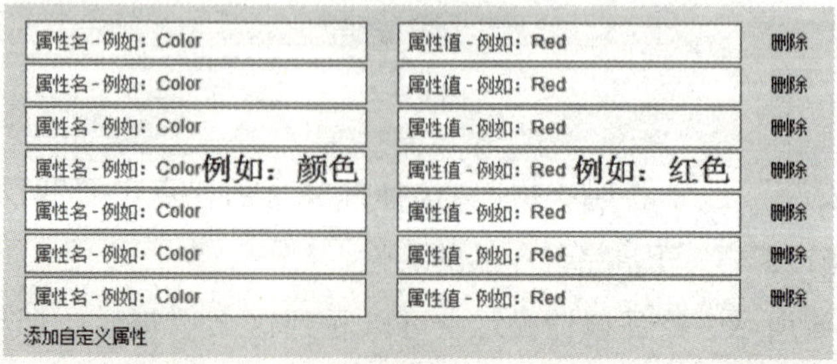

属性名 - 例如: Color		属性值 - 例如: Red		删除
属性名 - 例如: Color		属性值 - 例如: Red		删除
属性名 - 例如: Color		属性值 - 例如: Red		删除
属性名 - 例如: Color	例如：颜色	属性值 - 例如: Red	例如：红色	删除
属性名 - 例如: Color		属性值 - 例如: Red		删除
属性名 - 例如: Color		属性值 - 例如: Red		删除
属性名 - 例如: Color		属性值 - 例如: Red		删除

添加自定义属性

图 6 – 4

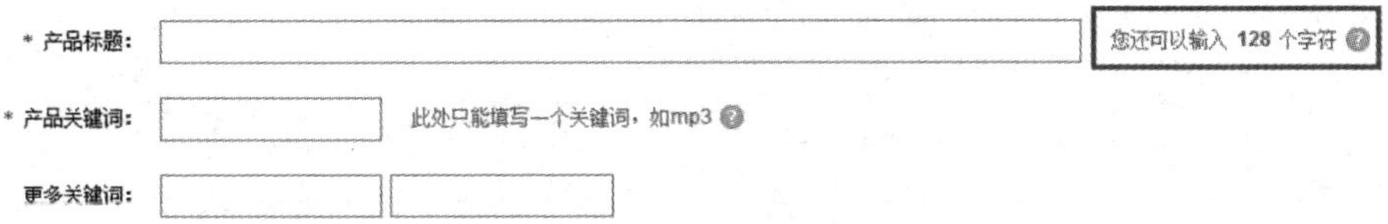

图 6 - 5

产品标题对搜索排名有非常重要的作用，买家在购物的时候往往都是通过搜索关键词找到产品的，而产品标题必定会包含关键词，所以产品标题不仅对搜索排名有很大帮助，还会对曝光、点击起到非常大的作用。标题最多可以输入 128 个字符，我们要尽量把标题填满 128 个字符，不要浪费这个非常重要的资源。一个好的标题可以让买家一看就知道这产品是什么属性，什么季节、有什么特点等。

很多朋友不知道该如何写一个好标题，其实只要把产品的相关信息表达在标题中就可以了，基本上产品标题都是这样写的：产品的关键词 + 产品属性 + 修饰词等方式，还可以加上季节、颜色之类的产品信息，如果有品牌还可以加上自己的品牌。这样写出来的标题就是一目了然的。写标题的时候要注意不要堆砌关键词，最多出现 2 ~ 3 次就可以了。比如连衣裙这个词组，写标题的时候不要连续出现多次，否则会被系统判标题堆砌处罚，被处罚的产品搜索排名会靠后。标题堆砌处罚的产品较多时整店的产品排名都会靠后，严重的直接封店，所以千万要注意。

产品标题下面还要填写三个关键词，这三个关键词不要写 2015 夏季、免运费、型号等词，建议填写和产品相关的词。比如发布的是连衣裙那么就填和连衣裙相关的词，如短袖连衣裙、雪纺连衣裙、夏季连衣裙等。

接下来我们要填写产品的信息，如图 6 - 6 所示。产品的主图标准尺寸是 350mm × 350mm，建议图片尺寸可适当在 500mm × 500mm 以上，一共可以上传 6 张图片，大家最好都传满，然后把最小计量单位、销售方式、颜色、尺寸、尺码表填写完整，带有红色 " ＊ " 号的是必填的，其他的也要尽量填写完整，提高曝光率。

图 6 - 7 这里我们要把零售价、批发价、库存、发货期、商品编码、产品详细描述填写好，其中需要注意的是批发价最好也要支持，因为很多买家都会小额批发，如果设置的起批量较少还可以提升客单价，比如 5 件起就可以

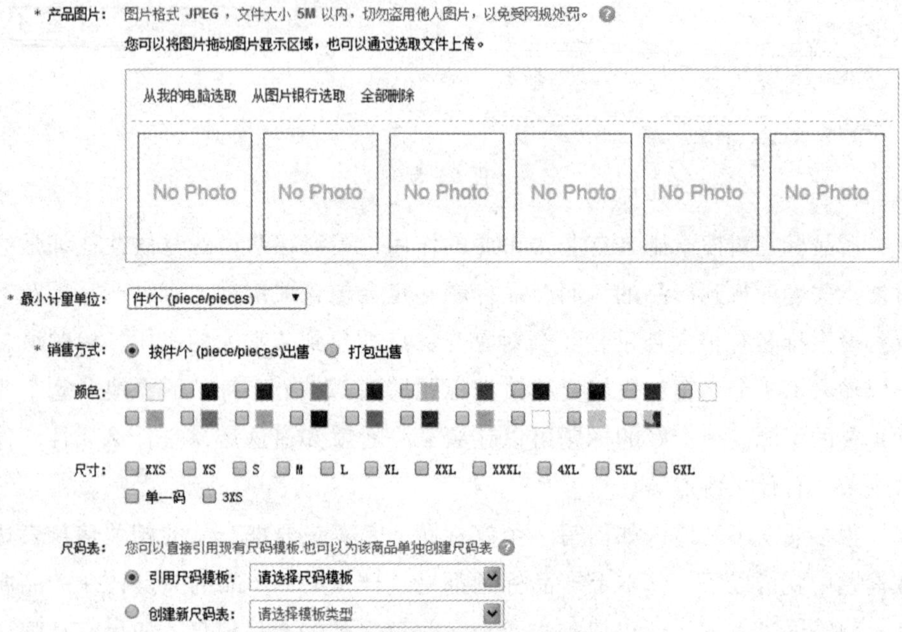

* 产品图片：图片格式 JPEG，文件大小 5M 以内，切勿盗用他人图片，以免受网规处罚。

您可以将图片拖动图片显示区域，也可以通过选取文件上传。

从我的电脑选取 从图片银行选取 全部删除

No Photo	No Photo	No Photo	No Photo	No Photo	No Photo

* 最小计量单位： 件/个 (piece/pieces)

* 销售方式： ⦿ 按件/个 (piece/pieces)出售   ○ 打包出售

颜色：

尺寸： XXS XS S M L XL XXL XXXL 4XL 5XL 6XL
单一码 3XS

尺码表： 您可以直接引用现有尺码模板,也可以为该商品单独创建尺码表
⦿ 引用尺码模板： 请选择尺码模板
○ 创建新尺码表： 请选择模板类型

图 6-6

拿到批发价，那么除了小额批发商以外零售买家很有可能也会有兴趣买 5 件。

另外发货期建议新卖家可以填写时间长一些，7~10 天比较合适，主要防

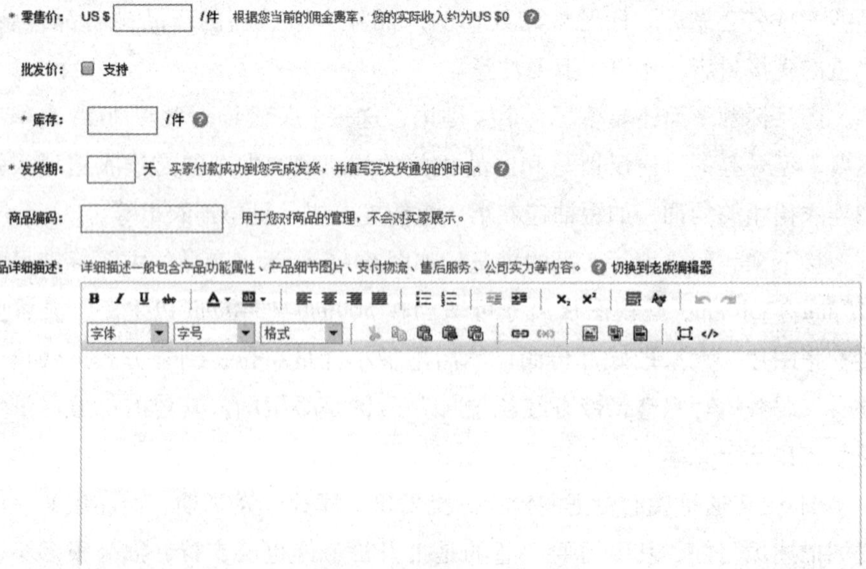

* 零售价： US $ ___ /件 根据您当前的佣金费率，您的实际收入约为US $0

批发价： 支持

* 库存： ___ /件

* 发货期： ___ 天 买家付款成功到您完成发货，并填写完发货通知的时间。

商品编码： ___ 用于您对商品的管理，不会对买家展示。

* 产品详细描述： 详细描述一般包含产品功能属性、产品细节图片、支付物流、售后服务、公司实力等内容。 切换到老版编辑器

B I U ab₂	A ▾ ▦ ▾	≣ ≣ ≣ ≣	☰ ☰	⫶⫶⫶	X₂ X²	ᴬ⃗		⤢ </>
字体 ▾	字号 ▾	格式 ▾						

图 6-7

止大家不熟悉发货流程耽误了发货时间而导致成交不卖。比较熟悉的卖家发货期设置越短越好，发货期越短越符合用户体验，因为买家都希望早点发货，这样选择购买的买家也会有所增加。

产品详细描述是宣传产品非常重要的区域，买家要了解我们的产品主要是看描述，一定要把产品属性的各个方面都介绍全面，另外尽量把产品各个角度的图片都传上来，方便买家对产品有更全面的了解。如果产品描述不全面不仅影响买家体验，还会影响订单转化率，若是想报名参加活动也可能审核不通过。

接下来需要填写包装信息、物流设置、服务模板。如图 6 - 8 所示，包装信息的产品包装后的重量这里，如果淘代销的朋友不知道产品具体重量，可以写一个大概的重量，因为发货的时候不是按照这个重量来算运费的，发货时货代会给产品称重，并按照称重时的重量来计算运费，产品包装后的尺寸根据自己包装后的尺寸填写，物流设置选择已经制作好的运费模板，然后再选择服务模板即可。

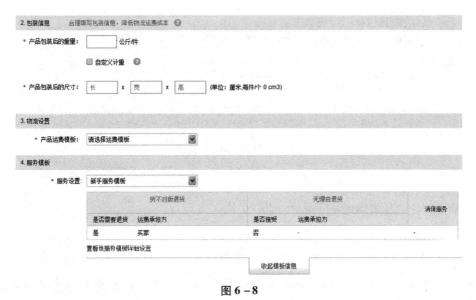

图 6 - 8

最后，填写其他信息，如图 6 - 9 所示，给发布的产品选择一个产品组，产品有效期有 14 天和 30 天，我们选择 14 天就可以了，具体原因下文会详细说明。

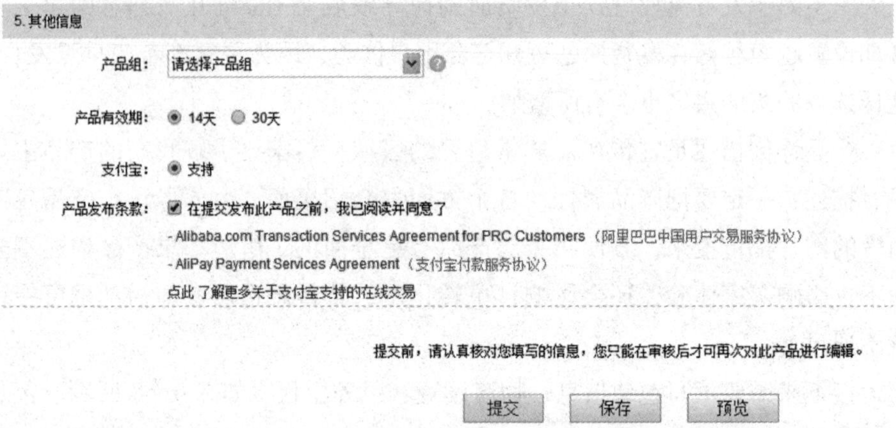

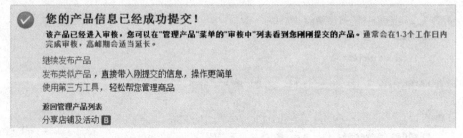

5.其他信息

产品组：请选择产品组

产品有效期：● 14天 ○ 30天

支付宝：● 支持

产品发布条款：☑ 在提交发布此产品之前，我已阅读并同意了
- Alibaba.com Transaction Services Agreement for PRC Customers（阿里巴巴中国用户交易服务协议）
- AliPay Payment Services Agreement（支付宝付款服务协议）
点此 了解更多关于支付宝支持的在线交易

提交前，请认真核对您填写的信息，您只能在审核后才可再次对此产品进行编辑。

提交　　保存　　预览

图 6 – 9

填写好发布产品的所有信息后可以事先预览一下，预览后没问题了点击"提交"即可。最后产品进入审核阶段，系统会在 1 ~ 3 个工作日内完成审核，如图 6 – 10 所示。

您的产品信息已经成功提交！
该产品已经进入审核，您可以在"管理产品"菜单的"审核中"列表看到您刚刚提交的产品。通常会在1-3个工作日内完成审核，高峰期会适当延长。
继续发布产品
发布类似产品，直接带入刚提交的信息，操作更简单
使用第三方工具，轻松帮您管理商品
返回管理产品列表
分享店铺及活动 B

图 6 – 10

67 如何设置精准的产品类目？

发布产品的第一步就要给产品设置类目，可见类目是多么重要，如果类目都填写不对，还怎么跟产品信息匹配呢？类目和产品信息都不匹配相关性就会降低，产品排名肯定也会靠后，比如我们发布连衣裙的产品，结果把类目选错了选成雪纺衬衫类目，这样无论我们产品信息发布时优化的有多好都无法和产品互相匹配，买家在搜索连衣裙的时候不会找到我们的产品，搜索引擎为了用户体验不会让这种产品排名靠前，所以这种产品被买家搜索到的

机会非常渺茫，因此大家一定要把类目选择正确。

　　下面我们来介绍下如何选择正确的类目。首先来到发布产品选择类目界面，如图6－11所示。

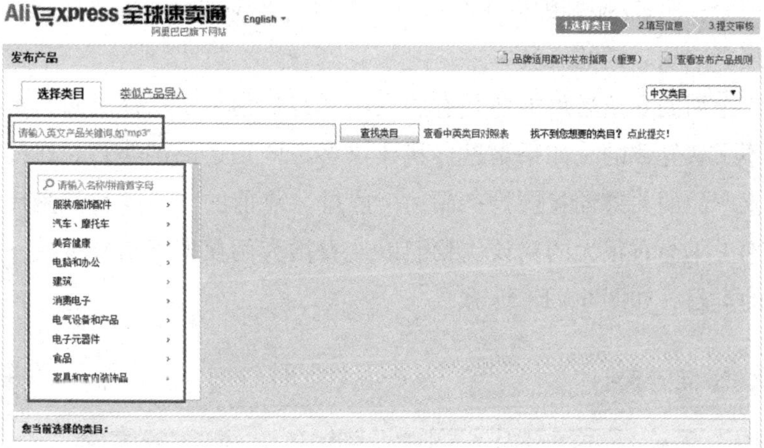

图 6－11

　　类目这里要根据自己的产品来选择，我们还是拿连衣裙举例，连衣裙属于什么行业呢？肯定是服装行业，同时也是女装，所以按照这些基本常识选择准确类目，如果还是不知道连衣裙到底属于哪个类目怎么办呢？可以通过搜索关键词来查看类目，如图6－12所示。

图 6－12

在搜索框输入连衣裙的英文单词"Dresses"就匹配到了10个类目，不要以为匹配的10个类目随便选一个都可以，如果这样想那就大错特错了，我们要在这10个类目中选择一个最符合我们产品的类目，很显然连衣裙的正确类目是第一个：服装/服饰配件 > 女装 > 连衣裙。这个类目千万不要选错了，因为这直接影响到店铺的流量。

看完上面的介绍后可能还是有朋友不知道如何确定产品类目，这可能是对产品不了解导致的，如果是这样我建议参考同行产品的类目。在搜索结果页去搜索产品的关键词找同行产品，一般排名靠前的产品类目都是比较准确的，基本上不会有很大的错误，我们以连衣裙为例在搜索结果页找一款产品看看它的类目，如图6-13所示。

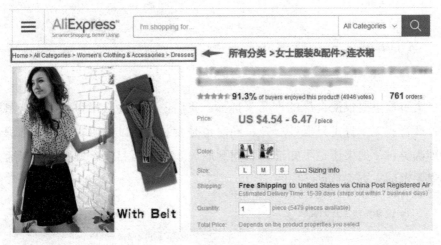

图 6-13

在产品主图上面就是这个产品的类目，图6-13中也把类目翻译过来了，中文的大概意思是：所有分类 > 女士服装 & 配件 > 连衣裙。这个就是连衣裙的具体类目了，这个产品页面的类目可能和我们具体发布产品选择的类目有所区别，不过意思都是一样的，根据这个类目可以分析出在图6-12中哪个类目和产品最匹配。希望大家学完后都能够找到最准确的类目，还没有设置准确类目的朋友也一定要及时改为正确类目。

68 如何填写准确的属性又能达到100%填写率？

产品属性的准确性和完整性也是可以提高产品曝光量的，但是前面我也说了必须填正确的属性，如果属性填写的不对会有什么后果呢？这里我再举个例子，比如我们卖的是无线鼠标，在填写属性的时候填成了有线鼠标，买家通过类目筛选属性找无线鼠标产品，结果在搜索结果页看到的是一个有线鼠标，大家认为买家看到后是什么反应呢？可能会点击我们的宝贝进来看看，但是不会买，这就直接导致转化率很低或者为零。转化率低"速卖通"就会判定我们这款产品是垃圾产品。一旦店铺大量的产品都被认为是垃圾产品时，"速卖通"会认为我们整店的产品都是垃圾产品从而导致整店降权，那么这时候就不要想着有流量来到店铺了。

属性必须参照产品如实填写，千万不要有误差，也不要有多余的属性，另外产品属性填写率必须高于行业平均属性填写率，图6-14中的行业平均属性填写率为78%，发布一个产品只有达到了78%才算合格，达到100%的属性填写率那就是非常优秀的产品，这种如实填写属性达到100%填写率的产

1. 产品基本信息

产品属性：当前产品的属性填写率为**0%**，该产品所在类目下优质商品的属性填写率为**78%**，完整且正确的产品属性有助于提升产品曝光率！ ②
系统属性中没有合适的属性或者属性值？点此提交.

品牌	---请选择---
! 类型	---请选择---
接口类型	---请选择---
型号	
DPI精准度	---请选择---
风格	3D(3D) Mini(迷你) Finger(手指) With Fingerprint System(带有指纹识别) Trackballs(轨迹球)
是否有包装	---请选择---
产品状态	Stock(库存) Used(二手)
适用范围	Desktop(台式机) Laptop(笔记本电脑)
定位方式	---请选择---
适用手类型	---请选择---
滚轮数	---请选择---
无线距离	---请选择---
无线技术	---请选择---
按键数	---请选择---
光学分辨率	---请选择---

部分品牌（参考列表）的商品需提交申请后方可发布。我要申请

图6-14

品比没有达到的产品曝光量会高很多。

很多情况下虽然都如实填写好属性了，可是却发现由于产品不是品牌，品牌一栏就没有填写，因为没有提交品牌申请填写了也不能发布，可是不填就达不到100%属性填写率了。那么，对于没有品牌的朋友该怎么办呢？建议大家在品牌这项选择其他品牌，然后填写产品的关键词，这样不仅可以实现100%属性填写率，还能让产品和关键词更加匹配，从而提升曝光机会。除了填写品牌一栏可以加关键词，型号这里也可以加关键词，要注意的是加的关键词要和产品相关，加上之后属性填写率马上就会提升到100%，如图6－15所示。

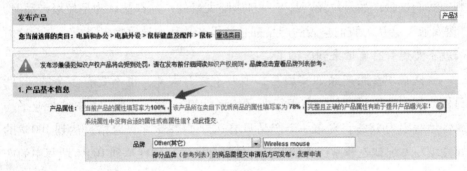

图 6－15

 怎样写宝贝标题才能获得更多搜索流量？

我们都知道宝贝标题是决定我们能够获得多少流量最重要的位置，标题的好坏也直接影响产品的排名，只有好的标题才能获得更多的流量。很多朋友都在抱怨店铺没有流量和销量，其实很大一部分原因取决于标题写得好不好，试想一下如果标题写得好宝贝排名靠前了，那么看到产品的人就会更多，点击率也会增加，点击率多了浏览产品页面的买家也会多，所以浏览量就会提高，浏览量高说明买家停留时间长，停留时间长说明产品是受买家喜欢的，自然成交转化率就会提高。

那么编写宝贝标题要注意哪些方面呢？首先我们要知道标题是由什么组成的，其实标题都是由关键词组成的，知道了这些后我们需要注意什么，第一，尽量填满128个字符；第二，关键词要和产品相关；第三，不要堆砌关键词；第四，标题写出来要通顺。

如何编写产品标题才能吸引更多流量？通过前面的介绍我们知道了标题是由关键词组成的，那么我们就需要用到那些搜索量大的关键词，这样编写出来的标题才能获得更多的流量。

据我了解很多朋友写标题用的关键词都是想出来的，想出来一个关键词后就翻译成英文，这样做的后果就是无法预知关键词的流量，导致产品曝光量太少，因为大脑里面想到的关键词是没有数据参考的。在我们"速卖通"平台有一个神器——搜索词分析工具，可以让我们凭借数据找到最恰当的关键词。

那么具体如何找关键词呢？如图 6 – 16 所示，打开数据纵横找到搜索词分析工具，它包括热搜词、飙升词、零少词三个小工具，在这三个工具里都可以找词。图 6 – 16 中我们是在热搜词中找鼠标的关键词，所以行业就选择鼠标对应的行业，下面显示出来的就都是和鼠标相关的关键词了，找到这些关键词后就可以适当地用在标题上，这样才会有关键词帮我们获得流量。

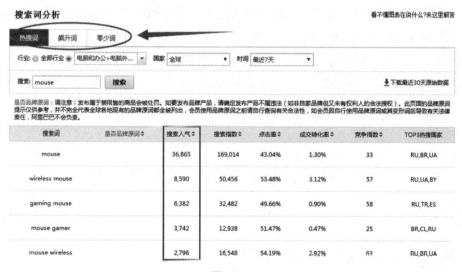

图 6 – 16

70 设置关键词让我们的店铺拥有高曝光量

标题下面的三个关键词如何填写？这是很多新手朋友都在问的问题。这

三个关键词如果写得好也会提升曝光量，就看我们使用的是什么样的关键词了。前面介绍标题的时候我说了做事情要参考数据，所以下面三个关键词当然也要输入和产品相关的，有搜索量的词。

要注意一个输入框填写一个关键词就可以，不要一个框内连续输入好几个关键词，这感觉好像硬要塞进去，其实没必要，连续好几个词加在一起反而会变得没有搜索量，所以只要加一个关键词就可以了。另外，加的关键词必须和产品相关联，这有助于给搜索引擎更好的更顺畅的抓取体验。

其实加三个关键词就和在论坛写帖子加标签一样，我们都知道帖子是可以加标签的，这三个关键词起到的作用和帖子标签类似，就是用来概括全文重点的，这也是为什么关键词要和产品相关的原因。

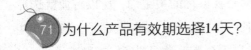

谈到发布产品时选择产品的有效期，我们都知道有两个天数可选分别是 14 天和 30 天。很多朋友都是默认选择 30 天的，这里我建议大家选择 14 天，因为产品快要下架时曝光量会提高很多，也更容易让买家找到我们。所以选择 14 天的话一个月就可以获得两次高曝光的机会，如果选择 30 天那么一个月就一次机会了，所以在选择产品有效期的时候建议大家选择 14 天时间。

第二节　如何让图片具有吸引力？

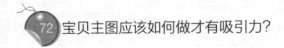

产品主图是买家第一眼看到的图片，要想买家对图片感兴趣并且点击进来，就要设计出有吸引力的产品主图，有吸引力才会获得更多点击率，有点击率店铺的访客才会更多。有些店铺曝光量挺大，可访客却非常少，这就需要提高点击率，吸引访客，有了访客才有可能转化为订单，所以主图优化也是非常重要的工作。

那么如何设计主图才有吸引力呢？首先一张优秀的主图要尺寸标准、突出主题、背景单一、简洁美观等，下面来看两张主图。

如图6-17所示，这两张图设计的非常好，看起来简洁美观，背景也是单一的白色，很突出主题，把产品的全景也都展示出来了，一看就知道是卖什么产品的，这样的图片才能够吸引买家去点击。基于仍然有很多卖家在主图设计上有严重的问题，下面我就介绍三种比较常见的图片问题。

图6-17

首先，来说一下第一种问题，主图看不出来在卖什么，如图6-18所示。左边的卖家销售的产品是鞋子，可我们怎么看也看不出来他是卖什么的。右边的卖家销售的是衣服，这就更乱了，主图上元素太多，买家压根就不知道他卖的是什么产品，到底是卖眼镜、包包、项链还是衣服？

图6-18

接下来再看另外一类错误，如图6-19所示。左边两张图犯的错误是图片尺寸不规范，给人感觉非常不正规，第三张的尺寸才是正确的，所以制作主图还要注意尺寸。

图 6 – 19

我们再来看一组其他的错误，如图 6 – 20 所示。

图 6 – 20

第一张图的产品没有把产品的全景图展示出来，不能让买家一眼就知道产品的样子，买家体验会很差，它应该学习第二张图把产品全身作为主图。

了解了这些错误的主图后，大家务必避免这些错误，多设计一些优秀的主图吸引买家点击。

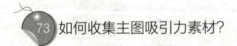73 如何收集主图吸引力素材？

前面讲解了如何做出有吸引力的主图，相信大家都已经知道该怎么设计一张优秀的图片了。如果我们想让图片更加有吸引力，还可以在主图中加上一些促销素材，加上素材后的主图将会更加吸引买家眼球。这些素材到哪里去收集呢？昵图网是寻找素材非常实用的地方。

如图 6 – 21 所示，在昵图网搜索店铺图标素材，就可以找到很多不同类型的素材，如果还需要其他类型的素材，就在输入框填写大家要找的关键词即可。看到比较满意的素材可以点击进去下载，以第三个素材为例，下载此素材，需要扣除40个共享分，如图6-22所示。素材收集就是这么简单，赶紧去试试吧。

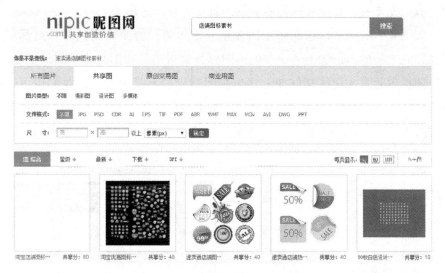

图 6-21

图 6-22

 主图吸引力素材有什么作用？

我们收集到了漂亮的素材后，很多朋友可能会问，找这些素材有什么用呢？我们先来看看其他卖家们做的主图就知道有什么用了。

如图6-23所示，这四张主图做得非常优秀，前面介绍到的几点都做到了，除此之外他们还加上了一些促销图标等素材来美化图片，例如加了边框、促销图标等元素，这些素材加上之后主图就更加有吸引力了，我们也可以学习这种方法给主图加上素材，争取设计出更好的图片。这要求我们有点创意，只要有创意，永远不会缺吸引买家的图。目前，我们这样设计主图就行，若以后"速卖通"修改主图规则了，就依照官方规则来设计吧。

图6-23

75 如何制作一张有吸引力的主图？

看了前面的四张图大家是否也想制作和他们一样的图片呢？前面我已经介绍了搜集素材的方法，当找到素材后，接下来就简单了，直接把素材加到产品主图中就可以大功告成了。在添加图片过程中我们要用PS软件来设计。

如图6-24所示，我们以图6-17中的衬衫主图为例，现在我们给衬衫加上素材。首先我们把找到的素材下载到电脑上，然后用PS软件打开素材，如图6-25所示。

图6-25中有多个促销素材，我们这里就给衬衫加上图中箭头指向的新品图标吧，首先我们把这个图标裁剪出来，之后把图标拖动到衬衫的图片中，选中图标后按住键盘的Ctrl+T键调整图标的大小，完成这些动作后图标就加

图 6－24

图 6－25

上去了。

图 6 - 26 是已经加上图标的效果，是不是非常好看，如果我们还想加个边框的话也可以先去网上搜索边框素材，找到边框素材后用一样的方法把边框拖动到主图里面即可，这样一张有吸引力的主图就制作好了。

图 6 - 26

 如何吸引买家点击我们的产品？

要吸引买家点击我们的产品主图非常重要，因为这是买家最先看到的。除了主图还有什么因素决定产品吸引力呢？那就需要来到搜索结果页研究一下了。

如图 6 - 27 所示，在搜索结果页搜索某个产品最先看到的是产品图片，除此之外做活动的产品还会有折扣显示在主图上，同时标题、价格、评价、销量等都是吸引买家点击的地方。

因此主图设计好了，还要给产品做折扣才会让图片更有吸引力。同时，标题这部分也是吸引买家的重要元素，标题不仅要覆盖足够多的流量，读起

图 6 - 27

来还要通顺有吸引力，标题后面如果有个上升箭头符号，也会成为比其他卖家更有吸引力的地方，因为只有各个方面上升比较快的产品才有这个上升符号。另外，价格也是很重要的部分，价格有竞争优势的话我相信很多买家都会点击查看的，如果价格容易让买家接受销量肯定也会很高，下面就会有订单和评价记录，这些方面如果都能够做到位，我相信产品的点击率一定很高。

所以除了主图要设计的好一点，我们还要参考这一系列的要素，如果不仅主图做得好，产品又有折扣，标题又写得一目了然，有吸引力，价格还非常有优势，销量和评价都很好，这种产品就有足够大的吸引力和同行产品竞争。

77 增加点击率的三大要素是什么?

通过前面对搜索结果页的分析，我们可以发现产品信息主要分为三个区域：图片，标题，价格、销量、评价，我在图 6 - 27 中已经划分出来了，当然那是列表模式展现的产品，我们再来看看网格模式展示出来的样子，同样将它划分出三个区域，如图 6 - 28 所示。

搜索结果页的两种展现方式我们都看过了，不管什么方式都是分为三个区域的，每个区域的元素分别是图片，标题，价格、销量、评价所以提升点击率

图 6 - 28

的三大要素就是图片，标题，价格、销量、评价。其中图片区域包括了主图优化和产品打折，标题区域包括标题和上升符号，价格区域包括产品售价、是否包邮、评价、销量。这三大要素中每一个大家都要想办法去优化好，我相信大家一定有很多办法去提升它们，发挥自己的想象力，想出更多创意提升点击率。

第三节　产品描述如何提高购买率？

 关联模板自定义设置有哪些技巧？

在讲产品描述详情页之前我们先来介绍下关联模板，如果把关联模板设计好是可以提升访问深度的，也就是买家会多浏览几个页面从而提升浏览量。目前很多新卖家都是使用传统关联模板，其实传统的模板有很多局限性，不能够发挥自己的创意去设计模板。我们先来看看关联模板如何设置的吧。首先打开"产品管理"——"模板管理"——"产品信息"模块。

如图 6 - 29 所示，点击新建模块后系统会要求我们选择新建哪种模板，如果选择关联产品模块那就默认是最传统的模板，如果选择自定义模块我们就可以根据自己的要求来设计，这里我们主要讲解自定义模块。大家不要以为设计自定义模块要懂代码才可以做出来，会很难。其实自定义模块制作起来非常简单，不需要懂什么代码，只要学会两个技巧即可独立设计属于自己的模板。

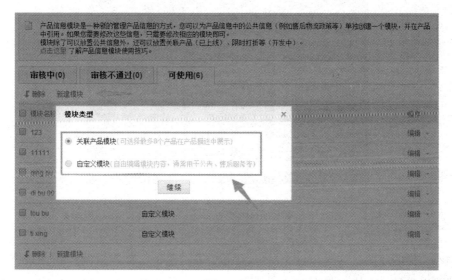

图 6 – 29

如图 6 – 30 所示，新建自定义模块后只需要学会使用插入超链接、上传

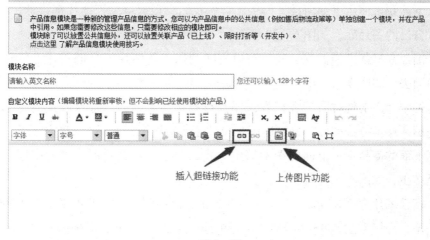

图 6 – 30

图片这两个功能就可以了，这就是我说的两个技巧，灵活运用这两个功能就可以随心所欲地设计模板了，在设计之前我们先来看看我画的草图，如图6－31所示，希望大家能更好地理解。

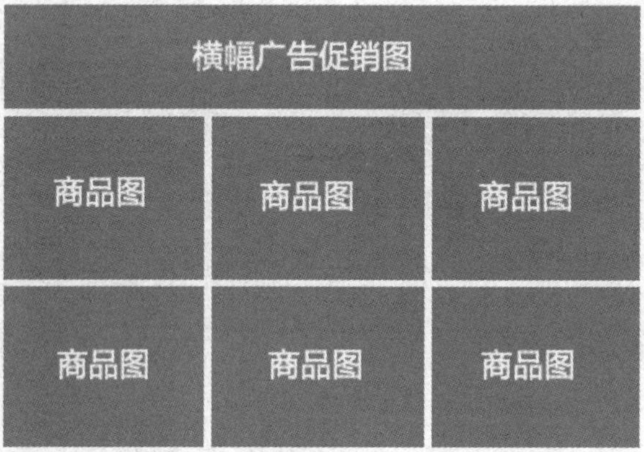

横幅广告促销图

商品图　商品图　商品图

商品图　商品图　商品图

图6－31

这个草图就是我们要在后期制作的关联模板，如果大家有其他想法可以画不一样的草图，这里以这个草图来制作关联模板，首先横幅广告促销图我们可以设计一张横幅的图加在上面。下面的都是商品图，只要把这些图片都设计好，我们可以用上传图片的功能全部上传到自定义模块里面，传好之后把图片以上面草图的形式排列好，最后给每张图片加上超链接，这样买家就可以点击了。

下面我来演示下如何设计模板。首先我们要根据草图把图片都设计出来，打开自己的图片库，如图6－32所示。

图片素材都已经做好，我们可以直接利用上传图片工具把图片上传到模板里面去，如图6－33所示。

把图片都上传过来后我们发现图片排列顺序有问题，这时候我们用空格键把图片移下去排列好，排好后图片尺寸还是不居中，如图6－34所示。

下面的商品图和上面的图不居中，我们双击图片看看最上面的横幅图宽度是多少，如图6－35所示。

横幅图片宽度800px，下面每一列有4张商品图，计算下4张图每张多宽才平衡，计算方法800px/4＝200px，得到的宽度是200px，但是每张图之间还要有一点间隔，所以尺寸调小到195px宽度就好。图6－36是我把宽度和高度

图 6－32

图 6－33

都调整好了的样子。

现在模板就已经设计好了，但是还不可以点击，因为加上去的都是图片，所以下一步我们要给每张图片加上超链接，这样买家才可以点击。全部设置完后点击"保存模板"就可以了。

看完整个过程大家会发现其实设计自定义模板就是这么简单，只要我们把图片设计得漂亮，模板就会很漂亮。

图 6 – 34

图 6 – 35

图 6 – 36

79 巧用关联营销提升访问深度

经过上面的介绍，我们已经初步知道了如何设计关联模板，那么接下来我来说说如何在此基础上提高访问深度，所谓访问深度就是让买家多点击从而增加浏览量的意思。想让买家多点击关联模板就要学会引导，我们可以在产品图中加上按钮让买家知道可以点击，还可以加上促销素材吸引点击。一旦加上之后关联模板就又不一样了，如图 6 – 37 所示。

图 6 – 37

这样是不是就更加有吸引力了呢？加上促销素材和购买按钮后，买家看了就有种想点击进去看看的欲望。由于做演示我们这只是简单地加了些素材，如果花更多时间我相信会更有吸引力，还没有加素材的朋友赶紧去加上吧。

80 如何做关联营销才能提高销量？

关联模板不仅能够增加浏览量，还可以给我们提高销量。这就要求我们关联模板的产品不能太单一，可以适当加一些相关联的产品，比如我们是卖 T

恤的，那么和T恤相关联的产品有外套、裤子、袜子等，也就是买T恤的买家很有可能会选择购买的产品就叫相关联产品，这样才有可能最大化地带动店铺其他产品的销量，从而更有效地提升客单价。此外，我们还可以设计一个产品搭配套餐，免得买家在店铺选来选去，选择多了会非常痛苦，所以我们直接给买家搭配好，减少他们选择的痛苦，这样也是提高销量的方法。

图6－38是我根据这两个提升销量的方法重新设计的关联模板，现在这样合理搭配产品才是最好提升销量的方法，当买家在买T恤时突然看到有裤子还有外套，可能就会点击进入买上一条裤子配成一套，所以关联模板一定要搭配相关联的产品这样才会让有需要的买家多买。

图 6 － 38

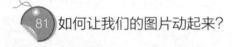

81 如何让我们的图片动起来？

很多朋友都想上传动态图片，因为看起来比较显眼，可是在把动态图设计好了后却发现无法上传到"速卖通"，这是因为"速卖通"只支持 JPG、JPEG 格式的静态图，如图 6 - 39 所示。

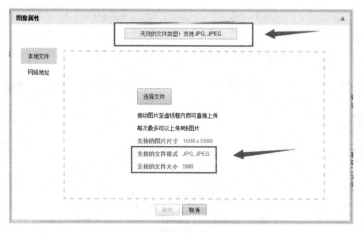

图 6 - 39

明明不支持动态图，为什么有些卖家的店铺却可以加动态图呢？他们怎么制作动态图片效果的呢？接下来我为大家揭开这层面纱。

在图 6 - 40 中大家看出来怎么添加动态图了吗？其实就是通过网络地址添加上去的，只要把图片上传到网络上就会有一个图片链接，有了图片链接后在上传图片时选择网络地址上传就可以加上去了，有需要加动图的朋友们去店铺里尝试一下吧。

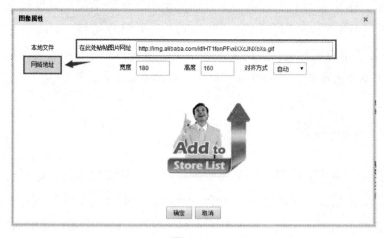

图 6 - 40

82 产品描述图片尺寸介绍

产品描述的图片尺寸有一个标准，宽度最宽是 1 000px，高度最高5 000px。这一点在大家上传图片的时候可以看到，如图6 –41 所示。

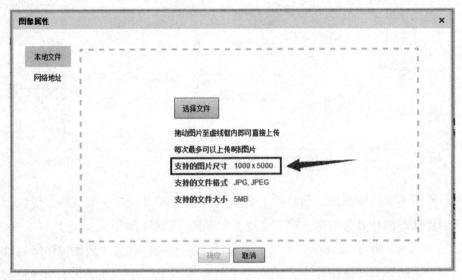

图 6 – 41

虽然最宽是 1 000px，但是不建议大家做这么宽，一般宽度在 800px 左右比较合适，图片太大了不利于一眼看到整个图。如果把图片宽度尺寸设置为 800px 最好所有图片的尺寸都一样。不然一张图片宽度 800px，一张宽度 500px，非常不协调，也会给买家很不专业的感觉，不容易让买家信任。所以确定好了某个宽度后，所有图片就要用一样的宽度。

83 产品描述图片的 PS 技巧

产品图片在店铺中起到十分重要的作用，图片做得整洁、好看会提高产品转化率。买家在购物的时候一定会看产品描述图片的，图片做得不好杂乱无章、各种中文字体交错、每张图尺寸不一致等，都会影响买家的购买决策。大家可以想象一下如果我们是买家看到描述图片特别乱，我们会愿意信任这个卖家吗？会在这个卖家这里买产品吗？可是到目前为止依然有很多卖家的产品图片都有中文，并且每张图片尺寸不一致，非常杂乱。

也许有很多朋友是淘代销过来的产品，画面有些凌乱，此时大家可以用PS 软件处理一下。下面我给大家分享一些比较实用的 PS 技巧。

一般大家在处理图片时需要用到的 PS 处理技巧最多的是三种：去掉中文字、抠图、图片尺寸调整。

去掉中文字

如图 6-42 所示，图片左下角有一段中文，我们需要使用修补工具把中文去掉，此时，我们选择修补工具，围着图中的中文字画个圈，如图 6-43 所示。

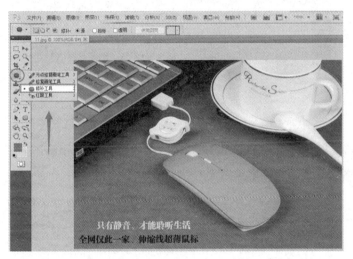

图 6-42

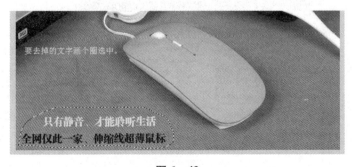

图 6-43

选中之后鼠标移动到圈内，然后把选中的部分往上移。此时修补工具就会提取上面没有文字的位置从而修补下面有文字的位置，这样文字就去掉了。图 6-44 是我修补好的图片给大家看看。

图 6-44

抠图

如图 6-45 所示，选择魔术棒工具，然后在图片中用魔术棒点击鞋子以外的白色区域，之后鞋子就会被选中，如图 6-46 所示。

图 6-45

图 6 – 46

此时按一下键盘中的 Delete（删除）键，图层就会被删除掉，如图 6 – 47
所示。

图 6 – 47

图层删除后，我们发现鞋子的阴影还没有删除掉，这是魔术棒没有选中
的地方，我们需要用套索工具继续选择没有删除的部分，如图 6 – 48 所示。

选中要删除部分后按键盘中的 Delete 键，删除掉阴影部分，那么鞋子就

图 6 - 48

完全抠出来了，如图 6 - 49 所示。

图 6 - 49

现在我们看到的就只剩下鞋子了，鞋子的背景以及阴影完全去除掉了，接下来我们调整图片尺寸就可以了。

图片尺寸调整

调整图片大小非常简单，我们能直接选择图像大小工具，如图 6 - 50 所示，也可以使用快捷键 Alt + Ctrl + I 打开图像大小工具，打开后设置图片尺寸，如图 6 - 51 所示。

图 6 - 50

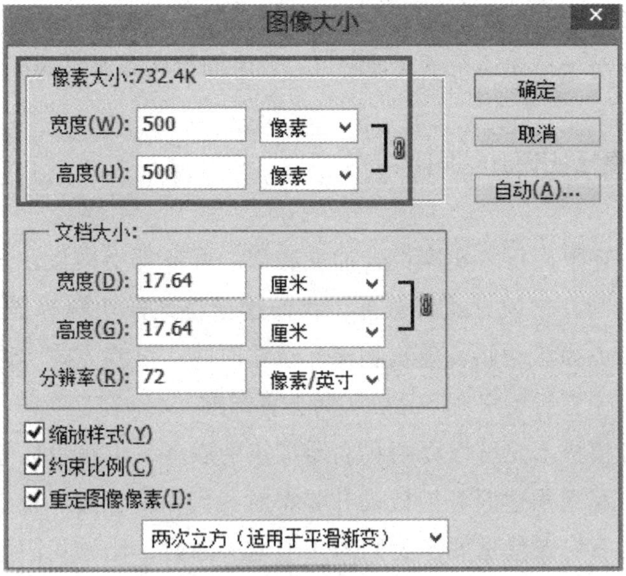

图 6 - 51

　　给图片填写一个宽度和高度后点击"确定"按钮，此时图片的尺寸就变了，建议大家所有图片的宽度、高度都一样，这样图片看起来才规范。

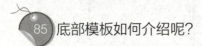 怎么写出好的宝贝描述？

在网上开店销售产品描述是买家了解产品的主要途径，因为买家在网上购物只能看得见摸不着，在这种情况下产品描述就成为买家最关注的部分。描述不仅可以介绍产品还会提高买家的信任感，产品描述一般都是通过图片和文字把产品信息全面地介绍给买家的，一般买家购物看描述介绍的很详细就直接买了。"速卖通"的买家不喜欢聊天或发邮件咨询，要是店铺咨询的买家过多那很有可能就是描述没做好，如果描述做好了基本是没什么咨询的。

很多朋友做描述都是产品图片加上细节图就完事了，其实我们还可以再介绍下产品的属性、卖点、尺码、面料等，让买家可以对产品了解的更透彻。另外图片不宜过多，描述页不宜过长，太长的描述买家会没有耐心看完，图片要尽量清晰、专业，这样买家看到产品描述才会感觉我们是很专业的。

如果大家对于描述还是不太理解可以参考同行优秀卖家的产品描述。

85 底部模板如何介绍呢？

在产品描述下面很多卖家都会加上底部的服务类型模板，介绍产品发货物流、运输时间、付款方式等服务，我们这里将此模块称为描述服务模板。标准的描述服务模板包括：发货物流、运输时间、付款方式、退货方式等内容，加上这个模板后买家对产品的了解会更详细。

描述服务模板不仅可以介绍我们给买家的服务，也是最佳的一块营销位置，我们可以利用描述服务模板提升买家对我们的信任感、权威感，从而提高订单量。说直接点就是展示我们的实力给买家看，比如我们可以在描述服务模板中加上：公司办公图、工厂生产图、仓库发货图、权威认证证书图、产品包装细节图等。加上这些图之后买家对我们公司会更加信任和了解，这样的描述服务模板也将是非常具有特色的优秀服务模板，会比其他卖家更有竞争优势，让买家更加容易接受我们的产品从而提升转化率，希望能够给大家带来启示帮大家做好这个模板。

86 加上赠品让我们的产品更具优势

当大家天天在想如何提高转化率的时候，往往忽视了赠品的威力。我们可以在"速卖通"看看同行卖家，如果没什么人送赠品，而我们能够送赠品那么订单量就会增加很多，比其他产品更加有竞争优势。

所以想要让产品有竞争力，增加销量，不妨试试送买家赠品，其实赠品价格也不用太贵几块钱的就行，可以送一些中国特色礼品，例如"中国结"之类的小挂件等。当然，最好是送和产品相关的赠品，比如卖鞋子的可以把袜子作为赠品送给买家。不管大家选择什么产品作为赠品一定要保证质量，如果赠品质量不好还不如不送，送出去的赠品一定要是自己喜欢的，是用心去挑选的。

决定要送出赠品就把送赠品这个活动放到醒目位置，并在描述中反复提到送赠品，也可以在产品主图和标题中提醒买家购买产品有送赠品，不要就只在描述中写一段话说送赠品，这样不足以让买家发现我们的活动。

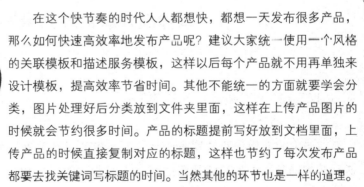

小贴士

在这个快节奏的时代人人都想快，都想一天发布很多产品，那么如何快速高效率地发布产品呢？建议大家统一使用一个风格的关联模板和描述服务模板，这样以后每个产品就不用再单独来设计模板，提高效率节省时间。其他不能统一的方面就要学会分类，图片处理好后分类放到文件夹里面，这样在上传产品图片的时候就会节约很多时间。产品的标题提前写好放到文档里面，上传产品的时候直接复制对应的标题，这样也节约了每次发布产品都要去找关键词写标题的时间。当然其他的环节也是一样的道理。

总之只要能够流程化的工作就把它流程化，什么时间做什么事情分配好，就和在公司里面不同员工负责不同工作一样提前把处理图片、找关键词写标题、产品定价等每个环节分工完成，最终统一发布，这样发布产品才能快速高效。

第七章

开启我们店铺的营销之路

随着越来越多人加入"速卖通"平台，平台内竞争也越来越激烈，如今已经不是"酒香不怕巷子深"的年代了，有好的产品不会营销也毫无作用，所以为了让店铺生意红火，必须充分掌握"速卖通"营销工具，经常为店铺做促销，这样才能让我们的产品有好的销量。本章将介绍"速卖通"店铺的各类营销工具为大家开启"速卖通"营销之路，让大家的店铺脱颖而出。

第一节　怎样提升店铺曝光量？

 上下架时间真能提升曝光量吗？

上下架中的上架指的是发布产品，下架指的是产品有效期到了。在"速卖通"销售产品上下架时机掌握的好会提升我们的曝光量，经过我们好几个店铺产品的测试发现产品在快下架时曝光量会提升，所以产品的上下架是对我们的曝光量有帮助的。

当然上下架时间也要合理设置才能取得好的效果，怎样设置才能够有明显的效果呢？首先必须了解店铺的数据峰值，每个店铺的实时风暴数据都会告诉我们流量最大的时间段在什么时候，然后我们把产品安排在各个热门时段上架就可以了。至于下架我们都知道在发布产品的时候可以选择产品有效期 14 天、30 天，产品越靠近下架时间得到的曝光量就会越大，如果我们发布产品的时候产品有效期选择 14 天，那么在产品快下架的时候获得的曝光机会就越大，所以我们要好好利用上下架来给店铺提升曝光量。

 98 如何通过数据峰值掌握上下架时间？

我们要想合理设置上下架时间就必须知道店铺内各时间段的数据，看到这些数据我们才能了解什么时候来的人最多，才会知道在什么时间段设置上下架最合理。可是要到哪里了解我们店铺的访问量数据呢？答案很简单"在数据纵横"——"实时风暴"就可以看到这些数据。

如图 7-1 所示，在实时风暴数据中店铺每个时间段的流量都会以柱形图形式展现给我们，柱状图最高的时候店铺流量最多，在图中我标记的位置分别是美国时间上午 9 点、10 点、11 点这 3 个时段的流量，它们是店铺的最高峰值，当然每个店铺或者每个行业的峰值都是不一样的，大家可以去看一下自己店铺的最高峰值在哪个时间段，找出店铺的最高峰值才好计算产品什么时候上架，什么时候下架。针对图 7-1 所对应的店铺，我们上传产品选择在

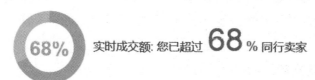

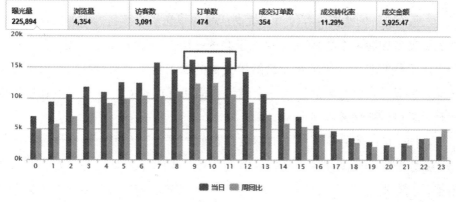

图 7-1

美国时间上午 9 点、10 点、11 点 3 个时段就可以了。至于下架的时间自然也是在这个时段，这样得到的曝光机会就更大，被买家浏览到的机会也更大。

 89 怎样合理安排上下架时间提升曝光量？

要想让产品获得更多的曝光量我们就必须让产品上下架时间进入一个良性循环。比如我们店铺准备上传 140 个产品，通过数据了解到店铺的最高峰时段是美国时间上午 9 点~11 点，那我们就选 10 点发布产品。

另外，我们都知道"速卖通"的产品有效期最少要 14 天，那我们就在每天的 10 点钟相隔 6 分钟发布一个产品，每天发布 10 个，也就是说 140 个产品在 14 天以后每天都有 10 个产品在上午 10 点下架，这样做我们店铺的每个产品就进入良性循环了。也许有人会问为什么 140 个产品不是在规定的时间内同时发布呢？因为同时发布会导致下架的产品太混乱不利于获得更多的曝光机会。

很多朋友店铺的产品是有空了就发布或者一整天都在发布产品，恨不得一口气把产品全部都上传到店铺去，这样做把兵力都分散了没有把优势兵力集中在一起，那么当然收不到很好的效果，所以我们要合理安排上下架时间集中优势，让店铺的产品每天都在流量最高峰时下架，获得更多的曝光机会，让产品的上下架时间更加科学合理的循环。

 90 什么是橱窗推荐？它有什么作用？

"速卖通"的橱窗推荐位可以提高产品的曝光量和排名，添加橱窗推荐的产品要比没加橱窗推荐的产品曝光量高 8~10 倍，为什么会高这么多倍呢？加上橱窗位的产品"速卖通"会给予更多的曝光资源，只要我们橱窗推荐的产品足够优秀，就有可能进入搜索结果页面底部的推荐位，这个推荐位置的产品是随机筛选的并不固定。

在同样的搜索结果页中添加橱窗推荐的产品比没有添加橱窗推荐的产品排名要靠前。那要怎样获得橱窗推荐呢？首先它是不能购买的，要想获得橱窗推荐就要把店铺等级提升，"速卖通"各个等级店铺获得橱窗推荐的数量如图7-2所示。

	不及格	及格	良好	优秀
橱窗推荐数	无	无	1	3

图 7-2

店铺等级不及格或及格没有橱窗位，良好获得 1 个橱窗位，优秀的可以获得 3 个橱窗位，并且这个橱窗位是可以不断累加的，比如：我们店铺本月被评为优秀店铺那么获得 3 个橱窗位，如果本月没有使用橱窗位那么剩下 3 个，若下一个月我们店铺还是被评为优秀店铺就再获得 3 个橱窗位，那么我们就有 6 个橱窗位了。每个橱窗位有效期为 7 天，从产品使用橱窗位时开始计算，如果不使用那么就不计算。

 91 利用橱窗推荐提升曝光的引流技巧

既然橱窗推荐能够提升曝光量和排名，那么肯定是不能胡乱给产品添加橱窗位的，很多朋友不知道就乱添加，自己感觉这个产品不错就加上橱窗位，这是错误的，如果把那些表现不优秀的产品添加到了橱窗推荐是无法起到引流效果的，反而浪费了重要的资源，所以我们要挑选那些有潜力的产品添加到橱窗位才能发挥最大价值。

怎样给产品添加橱窗推荐呢？首先打开"速卖通"后台的"产品管理"，如图 7-3 所示。

图 7-3

在产品后面点击"橱窗推荐"就添加上了，在图 7 - 3 的"其他批量操作"中还可以批量添加橱窗推荐，如图 7 - 4 所示。

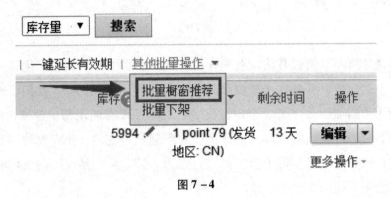

图 7 - 4

已经添加橱窗推荐的产品我们可以在图 7 - 5 中看到，并且系统还会显示剩余有多少个橱窗推荐位。

图 7 - 5

在图 7 - 5 中可以看到我们正在使用的橱窗有 10 个，还剩可用橱窗 10 个，也就是我们总共有 20 个橱窗推荐位，选择哪些产品添加橱窗推荐仍需要我们进行数据分析，那么，如何分析数据了解产品是否有潜力呢？打开数据纵横里的商品分析，如图 7 - 6 所示。

点击产品的"展开数据分析"，我们可以看到这个产品在"速卖通"的数据表现，如图 7 - 7 所示。

在图 7 - 7 的搜索曝光量中我们看到该产品的曝光量是 16 190，超过行业

图 7 – 6

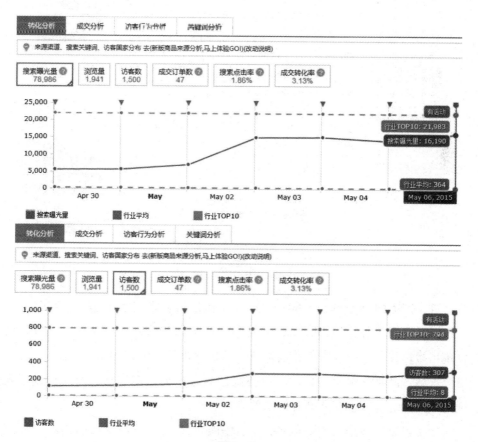

图 7 – 7

平均值 364 许多，已经很接近 TOP10 了，在访客数中我们的访客是 307，对比行业 TOP10 的 794 相差的还比较远，不过看数据的反馈这个产品还是有很大提升空间的，属于有潜力的产品，这种产品我们就可以添加橱窗推荐位，不过为了保险起见我接下来再看看搜索点击率和成交转化率，如图 7 - 8 所示。

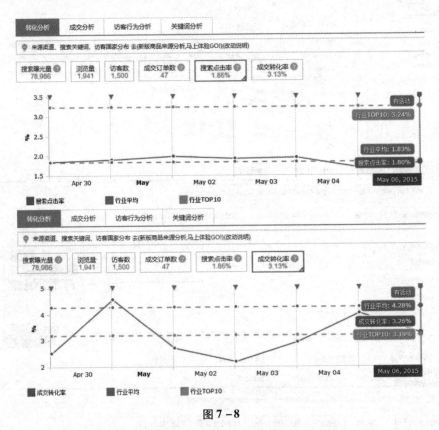

图 7 - 8

这个产品的点击率是 1.80%，已经很接近行业平均点击率了，转化率是 3.26% 已经超越行业 TOP10 了，但是和行业平均数据差的有点远。经过分析发现稍微再优化一下点击率就很好了，转化率也可以通过多做一些活动提升，所以这款产品是非常有潜力的，值得我们为它添加橱窗推荐，而这种数据表现的产品加上橱窗推荐才会有好的效果。

除了可以给数据表现好的产品加上橱窗推荐外，我们也可以给新上传的产品添加，因为新上传的产品不经过一定时间是没有多少数据的，如果我们自认为新品不错那也可以加上橱窗推荐，测试几天看看数据有没有提升，如果没有提升就赶紧撤销换其他产品，经过这样来回测试留下的产品就是能够给店铺带来大量流量的产品。橱窗推荐的产品表现好的就多给一些橱窗推荐机会，表现不好的就没必要一直给它橱窗推荐位了，这才是合理化的利用橱窗推荐位。

第二节　"速卖通"营销工具介绍

 92 什么是限时限量折扣？怎样使用该工具？

限时限量折扣就是一款限制时间限制数量的营销工具，我们可以自己选择某一个产品做活动，还可以为产品设置促销时间和促销数量，利用限时限量折扣工具，获得额外曝光。如果买家在搜索结果页搜索产品时筛选"Sale Items（折扣产品）"，那设置了限时限量的产品就会展现出来。如果买家把我们的产品加入了购物车、收藏夹，那么我们的产品一旦设置限时限量活动，买家就会立刻收到系统提醒从而提升购买率。那要怎样设置限时限量折扣呢？首先，我们到"营销活动"——"店铺活动"——"限时限量折扣"，如图 7-9 所示。

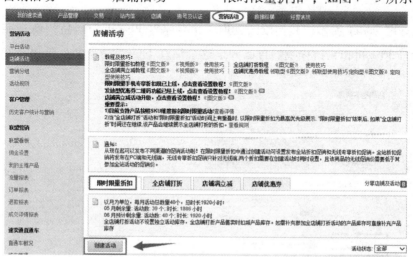

图 7-9

在限时限量折扣界面下面点击"创建活动"就可以创建了，店铺活动一旦开始产品就不能修改和暂停，所以在创建时务必认真填写和检查。每月可以设置活动总数量40个，总时长1 920小时。如果店铺服务等级不及格会减少本月活动数量和时长，在图7-9中我们可以看到演示的这个店铺5月活动数为39个，时长1 886小时，6月份活动数40个，时长1 930小时，这么多的资源为我们的曝光量保驾护航我们可不要浪费了，尽量每个月都使用完。

接下来我带着大家填写一下活动基本信息，如图7-10所示，在相应位置填写一个活动名称，并设置好活动的开始与结束时间，之后点击"确定"就可以添加产品了。

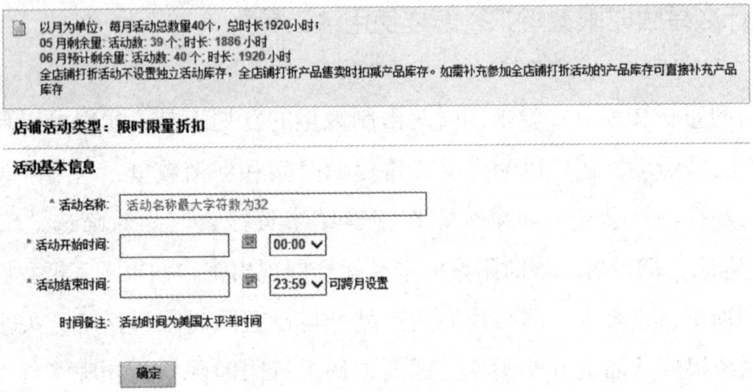

以月为单位，每月活动总数量40个，总时长1920小时；
05 月剩余量：活动数：39 个；时长：1886 小时
06 月预计制余量：活动数：40 个；时长：1920 小时
全店铺打折活动不设置独立活动库存，全店铺打折产品售卖时减产品库存。如需补充参加全店铺打折活动的产品库存可直接补充产品库存

店铺活动类型：限时限量折扣

活动基本信息

* 活动名称：活动名称最大字符数为32

* 活动开始时间： ▦ 00:00 ∨

* 活动结束时间： ▦ 23:59 ∨ 可跨月设置

时间备注：活动时间为美国太平洋时间

确定

图7-10

如图7-11所示，我们给活动取了个名字"30%折扣产品"就是准备给产品打30%折扣，这样我们自己知道这个活动下的产品是多少折扣，方便我

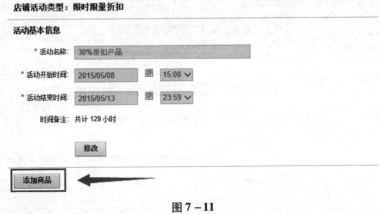

店铺活动类型：限时限量折扣

活动基本信息

* 活动名称： 30%折扣产品

* 活动开始时间： 2015/05/08 ▦ 15:00 ∨

* 活动结束时间： 2015/05/13 ▦ 23:59 ∨

时间备注：共计129小时

修改

添加商品 ⬅

图7-11

们管理。

　　各项信息填写完后就点击"添加商品"按钮，如图 7 – 12 所示，这里可以选择 40 个产品参加限时限量折扣，为了演示我就选一个产品，选好产品后

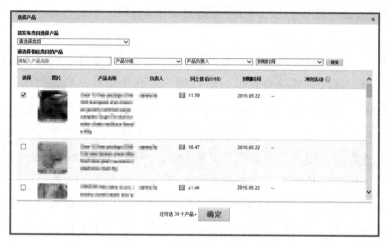

图 7 – 12

点击"确定"，紧接着设置活动折扣和数量，如图 7 – 13 所示，这里我设置的是 30% 折扣，手机专享设置了 31%，促销数量 80 个库存，手机专享折扣也可

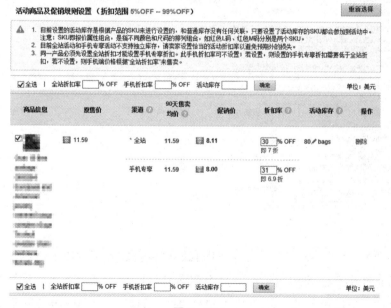

图 7 – 13

以不设置，如果设置手机专享折扣还可以给移动端的买家看到折上折专享优惠，从而提升移动端的订单量。

93 什么是全店铺打折？如何设置全店铺打折？

全店铺打折可以给店铺内所有产品打折，在营销分组中设置不同的折扣即可，当然也可以设置部分营销分组打折，不要求所有产品都打折，只需要在营销分组上分别设置不同折扣即可，如果某个营销分组不想打折就不要填写折扣。全店铺打折工具能够为店铺吸引更多流量，因为整个店铺都在做促销吸引的人肯定会很多，还会刺激买家下单，同时也能快速积累客户和销量。

如此好用的工具，我们来看看如何设置吧，如图 7 - 14 所示，全店铺打折活动每月活动数 20 个，时长 720 小时，同样我们每个月都要把这些资源使用完，不要浪费了这么好的给产品吸引流量的工具。在创建活动之前我们要先把营销分组设置好，这便于我们后期高效管理折扣产品。

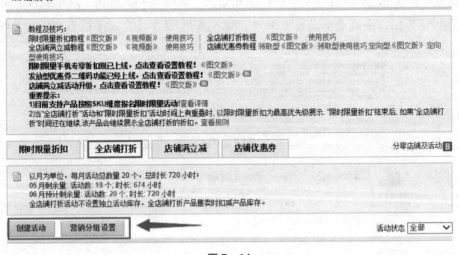

图 7 - 14

如图7-15所示，在营销分组里面我们可以新建分组，还可以点击查看组内产品，在图 7 - 15 中我给产品分组取名都是以折扣来命名的，这样我就可以知道这个分组里面的产品我的折扣是多少，这样在后期就方便我们管理营

销分组，也方便控制全店铺折扣，我们新建分组后就可以点击"组内产品管理"给这个分组添加产品。

图 7 – 15

如图 7 – 16 所示，在组内产品管理中可以添加产品到这个分组，也可以移出分组和调整分组，大家根据自己的情况去操作，这些按钮功能都比较简单就不多介绍了，我主要介绍下移出分组这个功能，我们把产品移出分组后就等于没有分组了，所以移出的产品会放到 other（其他）分组。

图 7 – 16

我们把营销分组设置好后就可以开始创建活动了，如图 7 – 17 所示，填写好活动基本信息后根据分组设置不同折扣，由于我们在给营销分组取名的

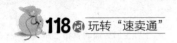

时候已经是按折扣命名的，所以 50% 折扣分组里面的产品就是可以最高打 50% 的产品，所以我们在后面填写好折扣即可，最下面一个 Other 分组里面的产品是没有被分组的，如果我们不想给这个分组做活动不填写折扣即可，这样全店铺打折活动就设置好了。

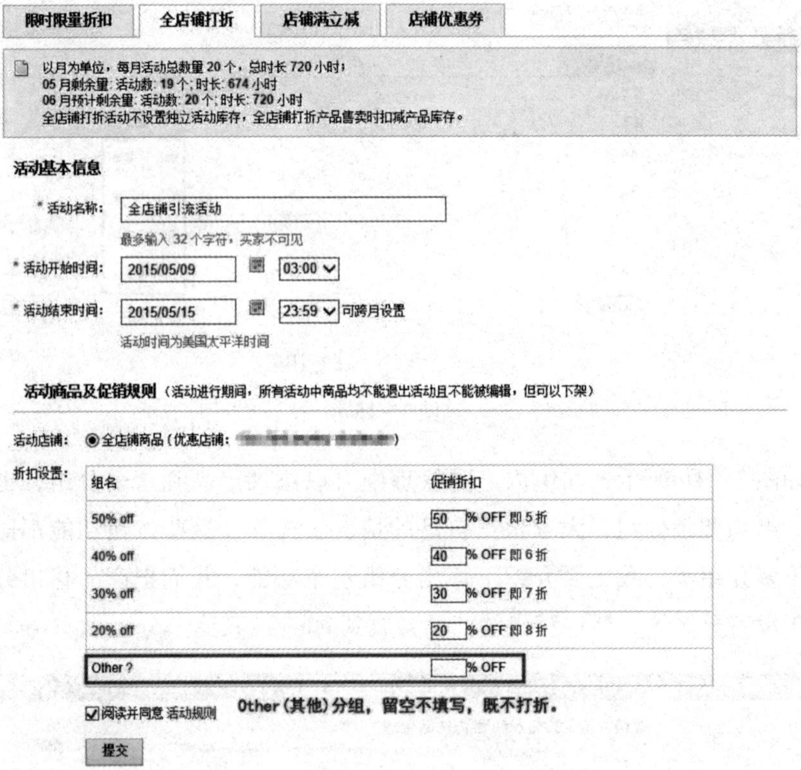

图 7－17

94 什么是满立减？怎样设置满立减？

店铺满立减工具就是买家在我们店铺消费满多少元额度减一定费用的工具，这是针对店铺产品的活动，如果买家在一个订单中消费的金额超过了我们设置的优惠条件，在其支付时系统会自动减去优惠金额，例如消费满 100 元减 10 元，那买家购买 100 元产品后会减免 10 元优惠额，只需要支付 90 元即可。

相信我们去实体店也都经历过商家做这种活动，比如去电器城买个小家电，商家的活动是满 888 元立减 100 元，我们本来准备买个 600 元的东西，结果被这个活动吸引后，很可能会想办法把消费筹够 888 元，甚至很多人会超过 888 元，所以满立减工具的营销目的就是不仅要让大家买还要多买。既能让买家感到实惠又能刺激买家为了达到优惠条件多买，从而提高我们的订单量和销售额。

如何设置满立减呢？在图 7 - 18 中我们可以看到店铺满立减每个月数量为 10 个，总时长为 720 小时，可见满立减的活动资源很少，我们要充分地利用起来，每个月给店铺策划 10 次满立减活动。在创建满立减活动时，我们首先要知道自己店铺的客单价是多少，不要盲目地设置，满多少减多少我们都要参考店铺的客单价数据，客单价可以在"数据纵横"——"商铺概况"中看到，如图 7 - 19 所示。

图 7 - 18

图 7 - 19

我们这个店铺的客单价是 3.65 美元，客单价就和线下实体店人均消费一个意思，就是指每个买家到店铺的平均消费。我们知道了店铺客单价，那么就可以设置一个合理的满立减活动了，避免我们店铺客单价是 3.65 美元，但设置了一个满 200 减 5 的活动，要是这样设置的话可以说这个满立减活动是形同虚设的，根本就不可能带来什么效果。我们设置满立减活动必须合理，否则刺激不了买家多消费的欲望。

正常情况下我们一般在客单价的基础上提升 3～5 倍，优惠少 10%～20% 比较容易吸引买家。比如我们的客单价是 3.65 美元，那我们提升 3 倍就是 10.95 美元我们就算 11 美元吧，然后给买家减多少呢？就是在 11 基础上减 10%，那就是1.1，我们就算优惠 1 美元吧。所以就可以设置为满 11 减 1 美元。现在我们就来创建这个满立减活动吧，点击"创建活动"后填写活动信息，如图7-20所示。

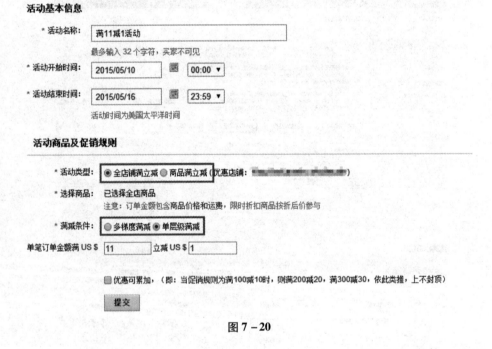

图 7-20

活动名称我们就写满 11 减 1 活动了，这样一目了然就能知道这个活动计划是满 11 减 1，方便我们后期管理，活动时间我设置了 7 天，当然大家也可以设置一个月。满立减每月可以设置 10 个，所以，我们可以设置 10 个不同类型的满立减，比如：一个满 11 减 1、一个满 25 减 2、一个满 36 减 3 等，所以时间设置方面大家根据自己的需要去调整。

在活动商品及促销规则下面我们可以看到满立减活动可以针对全店铺商品或商品满立减，如果是给商品设置满立减可以选择商品满立减，这里我就以全店铺满立减来设置。满立减条件我们选择单层级满立减做演示。设置优惠条件中单笔订单金额满 11 美元，优惠内容立减 1 美元。最后的优惠可累加如果需要可以勾选上，优惠可累加就是可以无限制叠加的意思，比如满 100减 10，那买家消费 200 美金的时候就减 20，以此类推，上不封顶。一般情况下我们不需要勾选，如果有需要做这种类型活动的可以勾选上，之后点击"提交"满立减活动就创建好了。

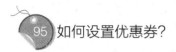

95 如何设置优惠券？

优惠券我相信大家比较熟悉，在我们生活中随处可见，比如我们去酒店吃饭、去商场购物等都会送我们优惠券，我们拿到优惠券后看到有使用期限不去使用会有种浪费了或者吃亏了的感觉，所以就想在优惠券还在有效期内时把它使用掉。"速卖通"的优惠券也是一样的道理，我们可以设置对所有产品都适用的优惠券，并且只能在我们店铺使用，还可以设置优惠券有效期，买家领取优惠券后就会有种不使用就浪费了的感觉，所以优惠券可以提升转化率，更能很好地维护老客户关系。

图 7－21 是设置店铺优惠券的界面，我们每个月可以设置的领取型优惠券数量为 5 个，定向发放型优惠券数量为 20 个，意思就是可以定向的发给某

图 7－21

位买家。换一个角度来说领取型优惠券是谁都可以领取的，定向发放型优惠券是给特定的人发放的并不是谁都可以拿到。

优惠券可以和满立减活动一样根据客单价来设置优惠条件，比如我们店铺的客单价是 10 美元，那么可以设置为购物 30 美元可以优惠 2 美元。那我们就按照这个条件先添加一张领取型优惠券，点击添加优惠券后设置活动条件，如图 7-22 所示。

活动基本信息

* 活动名称:	30 off 2

最多输入 32 个字符，买家不可见

* 活动开始时间:	2015/05/09 📅 04:00 ▼
* 活动结束时间:	2015/05/18 📅 23:59 ▼ 可跨月设置

活动时间为美国太平洋时间

优惠券领取规则设置

领取条件:	☑ 买家可通过领取按钮领取 Coupon
* 面额:	US$ 2
每人限领:	1 ▼
* 发放总数量:	200

优惠券使用规则设置

使用条件:	◉ 不限 （即：订单金额只要满足 US $2.01 即可使用）
	◉ 订单金额满 US $ 30
* 有效期:	买家领取成功时开始的 7 天内

图 7-22

活动名称我填写"30 off 2"即满 30 美元优惠 2 美元，活动时间设置了 10 天，就是指只有这 10 天时间买家可以领取本店的优惠券，另外在优惠券领取规则设置中面额设置 2 美元，每人限领系统默认设置 1 张，也可以设置每人领取多张，发放总数量我设置为 200 张，实际越多越好。建议对优惠券不是太了解的朋友可以设置的少一些以免设置错误导致不必要的损失。接下来设置优惠券使用规则，使用条件不限这个地方如果店铺利润不是太高最好别选择，直接选择订单金额满多少美元的限制条件，此处我设置满 30 美元的时候才可以使用面额 2 美元的优惠券。优惠券有效期建议设置 7~15 天，有效期从领取优惠券开始计算时间，比如买家今天领取优惠券，那么从领取的时间开始计算 7 天后失效。这里最好是设置 7 天，因为太短了买家来不及，太长了又让买家没有了紧迫感。

　　接着我们再来添加一张定向发放型优惠券。如图 7 – 23 所示，在添加之前我们可以先点击"查看可发放优惠券用户列表"，这个我会在后面演示，现在我们先直接添加优惠券，因为在添加优惠券里也可以查看用户列表。点击"添加优惠券"按钮，设置活动详情，如图 7 – 24 所示。

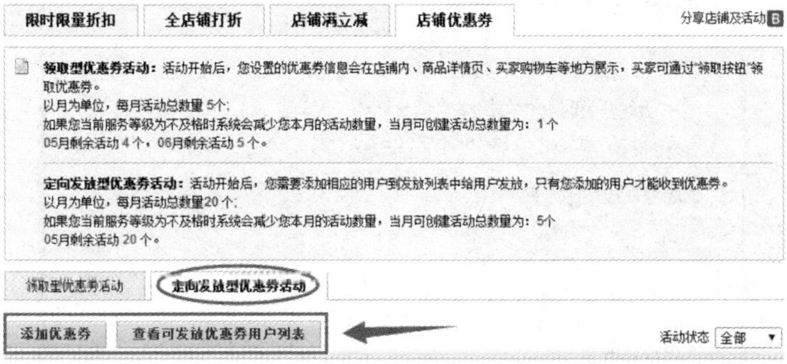

图 7 – 23

图 7 – 24

发放方式可以选择客户线上发放和二维码发放，客户线上发放的各项内容设置和前面添加优惠券一样，填写完成后点击"确认创建"按钮即可，系统也会再次与我们确定是否要确定创建，如图7-25所示。

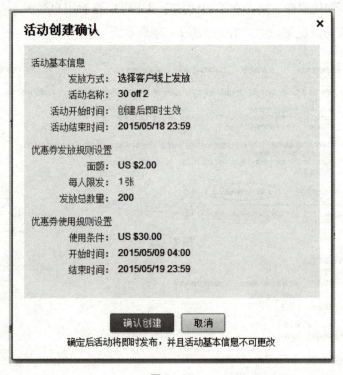

活动创建确认

活动基本信息
发放方式：选择客户线上发放
活动名称：30 off 2
活动开始时间：创建后即时生效
活动结束时间：2015/05/18 23:59

优惠券发放规则设置
面额：US $2.00
每人限发：1张
发放总数量：200

优惠券使用规则设置
使用条件：US $30.00
开始时间：2015/05/09 04:00
结束时间：2015/05/19 23:59

确认创建　取消
确定后活动将即时发布，并且活动基本信息不可更改

图7-25

确认后活动发布，并且活动基本信息不可更改，确定无误后点击"确认创建"就可以给用户列表的买家发放优惠券了，如图7-26所示。

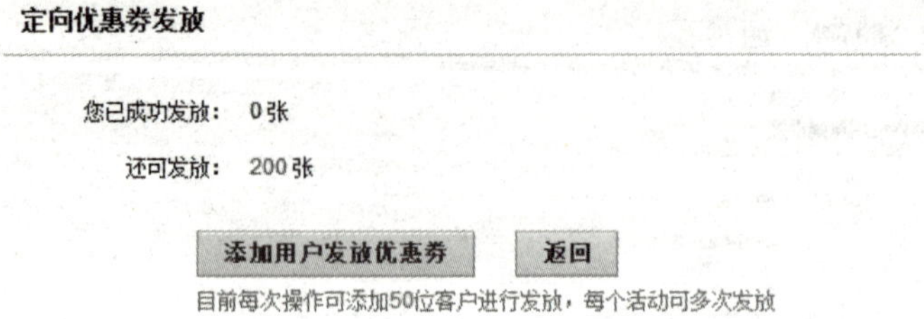

定向优惠券发放

您已成功发放：0张

还可发放：200张

添加用户发放优惠券　返回
目前每次操作可添加50位客户进行发放，每个活动可多次发放

图7-26

点击"添加用户发放优惠券"就可以有针对性地给客户发放优惠券了。如图7-27所示，我们可以筛选近三个月内有交易的或近三个月内无交

易的客户以及所有交易过的客户，后面还可以筛选针对所有加购物车客户、所有加 Wish List（愿望清单）客户，至于给哪类客户发放比较好呢？建议优先给那些成交次数比较多的或者成交金额较大的优质客户发放，也可以给所有加入购物车的客户发放刺激他们购买，具体针对哪类客户发放大家自己决定。

所有交易过的客户 ▼		● 所有加购物车客户	● 所有加Wish List客户 ←	
所有交易过的客户				
近三个月内有交易的客户				
客户 近三个月内无交易的客户	最后一次订单 ▼	成交次数 ▼	累计成交金额 ▼	
		99	4	US $1102.00
	20 .13			
	39	4	US $882.00	
	201 3			
	No. 415	12	UO $802.38	
	20 37			
	No. 89	1	US $800.00	
	20 3/05 20.17			
	No 9432	3	US $701.20	
	20 6.43			
	No. 5058	1	US $663.00	
	2015/07/30 05.39			
	No. 9	6	US $582.32	
	20 9 06.20			
	No. 728	4	US $521.92	
	2015 9.14			

图 7 – 27

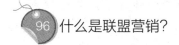

96 什么是联盟营销？

　　"速卖通"联盟营销不是免费的，它是一种按效果付款的推广模式，加入联盟营销就相当于请了很多拿佣金的来自世界各地大大小小的网站站长给我们店铺做推广，联盟营销不管通过推广带来了多少曝光量、点击量、访客量都不收费，只有成交了订单我们才要付佣金。加入联盟营销无须预先支付任何费用，只收产品成交金额的佣金，运费不计入佣金的计算。一旦加入联盟营销，我们店铺所有产品都会一起加入进去，并且只要是通过联盟营销成交的订单都要扣除佣金。

如果我们店铺产品的利润本身就很低只是好奇而加入进去看看，为了弥补损失不想再扣佣金，想退出的，那么必须在加入 15 天以后才可以退出，15 天以后如果想要退出可以打开网址：http：//cn. ae. aliexpress. com/affiliate/ex-it. htm，点击"退出联盟营销"即可，如图 7 - 28 所示。

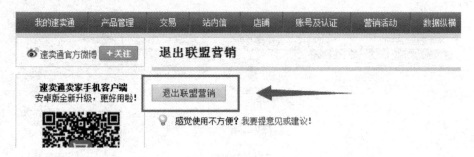

图 7 - 28

退出之后并不是立刻就停止扣除佣金，联盟营销还会计算买家 30 天的有效期，每位通过联盟营销来到我们店铺的买家，只要在 30 天内购买我们店铺产品就算第二次不是通过联盟 URL 链接进入我们店铺购物也都会扣除佣金。这个比较好理解，意思就是人家站长辛辛苦苦给我们推广，带访客到我们店铺后，结果我们说取消发放佣金就取消了，那么人家联盟营销的站长不就吃亏了吗，所以"速卖通"也会考虑保护站长的权益。

另外，联盟营销不仅仅有很多来自世界各地的站长给我们做推广，"速卖通"还有一个针对联盟产品的专属频道，这个频道主要用于展示联盟的产品，加入联盟的产品除了可以通过原来的渠道进行曝光外，在这个频道也能得到曝光。同时还会有一些专门针对联盟产品的活动推广页面，联盟产品在这些活动页面也能有曝光。如果想更大地提升曝光量，我们就试试加入联盟营销吧。

如图 7 - 29 所示，要加入联盟营销需要勾选我已阅读并同意此协议，然后点击"下一步"设置佣金比率，就可以开通联盟营销了，如图 7 - 30 所示。

在这里输入 3% ~ 5% 的佣金比率，之后点击"加入联盟计划"就开通联盟营销了，这里我们就以系统默认的 5% 加入联盟计划吧，佣金比率我们要考虑自身店铺的利润来设置，当然我们也可以在给产品定价时把这 5% 的佣金比率计算在内。接下来我们介绍一下联盟看板，看联盟营销的数据和效果。

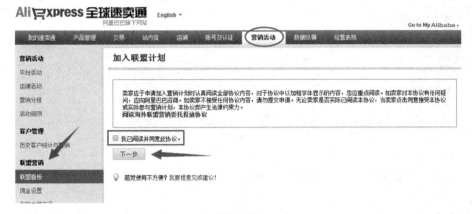

图 7 - 29

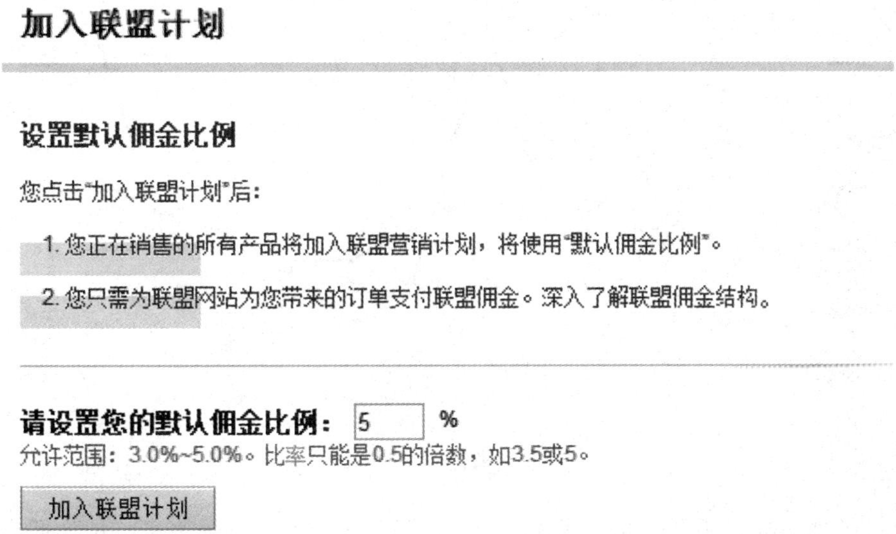

加入联盟计划

设置默认佣金比例

您点击"加入联盟计划"后：

1. 您正在销售的所有产品将加入联盟营销计划，将使用"默认佣金比例"。

2. 您只需为联盟网站为您带来的订单支付联盟佣金。深入了解联盟佣金结构。

请设置您的默认佣金比例： 5 %

允许范围：3.0%~5.0%。比率只能是0.5的倍数，如3.5或5。

加入联盟计划

图 7 - 30

图 7 - 31 显示的是店铺 3 个月内通过联盟营销带来的效果数据，我们可以看到联盟营销给我们店铺带来了 101 811 个点击量也就是说有十万人来到过我们店铺，用过联盟活动，销售额有 28 089.78 美元，总销售额60 491.53 美元，预计要支出的佣金 873.11 美元，ROI 投入产出比 32.1721，通过这些数据我们了解到联盟营销带来的效果是非常明显的。销售28 089.78美元我们仅需支付 873.11 美元的佣金，可说是小投入大回报，希望大家务必重视联盟营销推广。

联盟数据概览

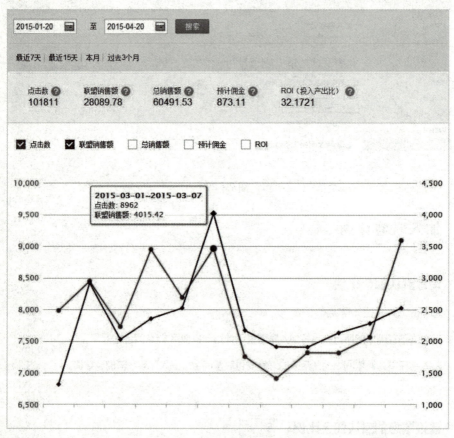

图 7 – 31

此外，我们还可以通过筛选点击数、联盟销售额、总销售额、预计佣金、ROI 看到图 7 – 31 下方曲线图中的每周数据，通过这些数据可以一目了然地看到我们整个店铺加入联盟营销后的效果。

下面再看联盟营销的第二个功能佣金设置，如图7 – 32所示，所有未设置的类目佣金比率默认是 5%，我们可以点击图右边的"添加类目设置"给类目设置不同的佣金比率，未设置的类目佣金比率最低3% 最高 5%，自己添加的类目设置有些类目最低是 3% 有些最低是 5%，最高都是 50%，我们可以根据自身条件去合理设置，一旦设置了类目佣金比率不管是未设置的类目还是已经自主添加的类目，店铺所有产品只要通过联盟成交的都会扣除佣金。

图 7 - 32

联盟营销的第三个功能是我的主推产品，如图 7 - 33 所示，主推产品最多可以添加 60 个，点击图右边的"添加主推产品"就可以添加产品了，要注意的是很多朋友错误地以为只有添加主推产品的才会扣佣金，这样理解是不对的，其实我们在前面的佣金设置里已经给未设置类目和已设置类目添加了佣金比例，所以店铺内所有产品都会扣佣金。

图 7 - 33

回过来讲主推产品顾名思义就是主要推广的产品也可以理解为重点推广

的产品，添加到这里来的产品会在联盟推广里给予更多的曝光资源，所以我们要把优秀的产品添加为主推产品，这样更有利于产品曝光，同时联盟营销的站长也会非常喜欢我们这些优秀的产品。站长会分析我们产品的销量、评价、描述等判断其是否为优秀产品，如果符合站长的要求，那么站长肯定会重点推广。至于如何看单个产品的数据判断是否为优秀产品，可以参考前面介绍的如何筛选优秀产品添加橱窗推荐位。

换一个角度思考，如果我们添加一个新产品没有什么销量、评价。站长看到后也会拿捏不准，因为他们不知道我们产品的点击率、转化率等数据，所以只能通过销量和评价来做一个简单的判断，站长自然不会浪费大量的精力给我们推广新品，这就是为什么很多新卖家抱怨说为什么加入联盟营销这么久都没有效果的原因，所以主推产品里面我们要选择高销量、多评价、描述质量高的优秀产品才会收到明显的效果。

接下来我们介绍下流量报表，在流量报表中我们可以看到联盟流量数据概览折线图，图 7-34 中显示了联盟营销带来的效果数据，和前面的联盟看板数据差不多，唯一不同的是联盟 PV、联盟访客占比。联盟 PV 就是通过联盟推广来到我们店铺的买家浏览的商品页数，联盟访客占比就是通过联盟来

联盟流量数据概览

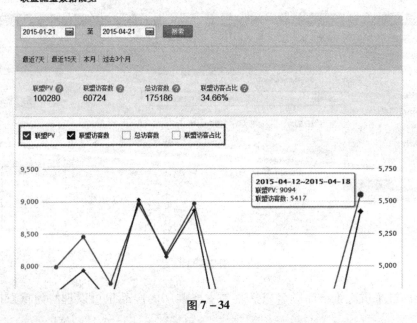

图 7-34

的访客占我们整店访客的比率，我们看到店铺 34.66% 的访客是通过联盟营销带来的，可见联盟营销的效果还是不错的。紧接着图7-34下面我们能以表格形式看到每天数据，如图7-35所示。

时间	联盟PV	联盟访客数	总访客数	联盟访客占比
2015-01-21	1295	857	2280	37.59%
2015-01-22	1278	775	2089	37.1%
2015-01-23	1008	583	1718	33.93%
2015-01-24	966	632	1830	34.54%
2015-01-25	1089	670	2022	33.14%
2015-01-26	1276	783	2270	34.49%
2015-01-27	1195	748	2127	35.17%
2015-01-28	1014	614	1879	32.68%
2015-01-29	1041	661	1824	36.24%
2015-01-30	1253	666	1985	33.55%

◄ 1 2 3 4 5 6 7 8 ► Go to Page [ ] Go

图7-35

每天多少 PV、访客、店铺总访客、访客占比一目了然，可以清晰地展示每天流量数据的变化，这个数据大家都会看，我们就不多介绍了。

紧接着介绍下订单报表折线图，如图7-36所示，订单报表折线图可以看到通过联盟带来的订单数据，这些数据相信大家都能理解，如果还是不理

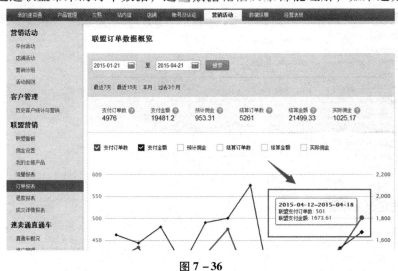

图7-36

解可以点击后面的问号看提示，在订单报表折线图下面一样有表格数据，如图 7－37 所示。

时间	支付订单数	支付金额	预计佣金	结算订单数	结算金额	实际佣金
2015-04-18	59	161.03	8.02	47	261.11	11.82
2015-04-17	83	260.72	12.78	56	255.99	12.3
2015-04-16	77	190.98	9.22	56	196.77	8.75
2015-04-15	77	195.76	9.97	49	168.62	8.19
2015-04-14	66	235.92	11.34	61	221.56	10.37
2015-04-13	70	383.31	19.13	161	433.14	21.74
2015-04-12	69	245.89	12.46	41	153.71	6.58
2015-04-11	53	211.44	10.67	41	146.98	6.76
2015-04-10	64	209.38	10.67	57	192.07	9.18
2015-04-09	64	290.83	14.61	83	421.26	20.2

◀ 1 2 3 4 5 6 7 8 ▶　　　　　　　　Go to Page [　] Go

图 7－37

这里有每天通过联盟推广支付成功的订单数和实际支出的佣金等数据，方便大家了解每天的推广情况。

了解完订单报表再来看看退款报表折线图。如图 7－38 所示，在退款报表折线图中可以查看到有多少笔订单被退款了，退了多少金额以及退了多少佣金的综合数据，下面可以看到表格形式的每日退款数据，如图 7－39 所示。

图 7－38

时间	退款订单数	退款订单原金额	订单实际退款金额	退款佣金
2015-04-18	6	12.24	3.41	0.46
2015-04-17	4	7.22	7.22	0.29
2015-04-16	4	12.33	13.67	0.61
2015-04-15	0	0	0	0
2015-04-14	4	6.62	0	0.33
2015-04-13	2	5.45	0	0.19
2015-04-12	5	14.62	14.62	0.76
2015-04-11	1	1	0	0.05
2015-04-10	0	0	0	0
2015-04-09	7	18.02	10.05	0.53

◀ 1 2 3 4 5 6 7 8 ▶ Go to Page [   ] Go

图 7 - 39

大家看到退款了不要着急，每个店铺都会有买家退款，这很正常。如果想降低退款率，我们就要查询订单为什么会被退款，找到原因，这样才能有针对性地去解决这些问题，如果是因为与产品描述不符就优化描述，慢慢地把产品优化好，我相信退款率是会有所降低的。

最后我们再来看看成交详情报表，如图 7 - 40 所示，查询报表可以筛选联盟成交明细和联盟退款明细，后面选择要查询的时间日期，如果只看主推

图 7 - 40

产品就勾选上只看主推即可。此外，我们还可以筛选产品 ID、关键词，或者订单号查询单个产品的数据，查询出来后可以看到产品成交时间、订单号、成交金额、产品信息等，这里的订单号和产品信息是可以点击进入订单详情页查看产品具体信息的。

97 什么是平台活动营销？

平台活动是由"速卖通"官方推出的促销活动，所有卖家都可以免费报名参与，平台活动也是清库存、造爆款最快的渠道，如果我们报名参加活动的产品通过审核，将会在单独的活动促销页面展示，快速提高店铺曝光率，带来更多的订单量，从而提升转化率。下面我们来了解下如何报名参加平台活动营销。

如图 7 - 41 所示，打开"营销活动"——"平台活动"即可看到非常多的活动，我们可以筛选自己能参加的活动，目前平台常见的活动有 Super Deals、Weekend Deal、GaGa Deals、Today′s Deals、俄罗斯团购、巴西团购、印尼团购、无线抢购等，每一个活动流量都非常大，如果要报名活动点击"我要报名"后选择要参加活动的产品即可。

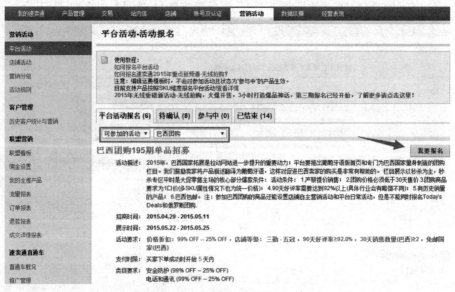

图 7 - 41

当然平台活动并不是随随便便就能够报上的，需要遵守活动的要求，否则很难成功，我们在图 7-41 中可以看到活动描述明确指出了 6 项参与活动的条件，具体为：严禁提价销售，团购价格必须低于 30 天售价，团购商品要求为一口价，90 天好评率需要达到92%以上，有历史销量的产品，巴西包邮。此外活动要求显示：产品的折扣要在99%~25%的折扣区间，店铺等级要达到三勋—五冠，还要求报名的产品在 30 天内销售到巴西的订单大于等于两个。

只要我们达到这些要求去报名这个平台活动，那么就有机会通过审核，如果没有达到这些要求几乎很难审核过，所以，要想提高报上活动的概率就要严格遵守报名要求。其实报名活动并不是很难，在店铺没有受到处罚的情况下只要把产品的属性、标题、主图、详情页、关联模板等优化好，另外价格有一定优势，有销量和评价，能报上活动的概率就会提高很多。

其实说了这么多项主要还是要求三高：点击率高、浏览量高、转化率高。点击率高说明主图有吸引力，是买家喜欢的产品；浏览量高说明详情页做得不错，关联模板设计的有吸引力，买家停留的时间长；转化率高说明产品各方面优化的好，价格有吸引力。

98 什么是店铺自主营销？

店铺自主营销就是不参加平台活动，自己给店铺做活动的营销方式，我们前面介绍了"速卖通"店铺的四大自主营销工具：限时限量折扣、全店铺打折、全店铺满立减、店铺优惠券。我们给店铺做自主营销活动就需要利用这四大营销工具，这些营销工具都可以通过设置时间段给买家制造紧迫感。比如在店铺访客最高峰值的时候把活动结束，买家看到活动马上就要结束了就会有紧迫感。此外，还可以限制数量来制造紧迫感。

自主营销还可以合理搭配利用这四大营销工具提升客单价，限时限量＋满立减这种组合营销不仅可以限时限量，还能让买家得到最大的实惠，从而刺激买家多买来提升客单价。这两个工具组合起来向买家表达的意思就是限时限量活动本身就很实惠，如果再多买些产品还可以更加优惠。

除了以上这两种组合方式外，我们还可以组合更多方式，比如：全店铺打折＋优惠券、满立减＋优惠券＋限时限量、全店铺打折＋满立减等，至于想怎样组合营销可以根据自己店铺情况来调整。给店铺做营销活动最重要的就是价格要有优势，真正的给买家实惠，刺激买家下单甚至多下单，而不是虚假打折、提价打折，如果这样做就是在欺骗买家，策划的这场活动是收不到多大效果的。买家很聪明会货比三家，一对比就知道我们活动是真的优惠还是假的，唯有真正让利给买家的活动才会激发买家购买欲望，并且会多买些。俗话说，"财散人聚，财聚人散"，只有先聚人气才会有财气。

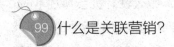

99 什么是关联营销？

关联营销就是把产品关联在一起进行销售。它是在原有产品的基础上尽可能扩大相关产品的销售范围，一般是在关联模板中添加同类型、同需求、有关联的产品。做关联营销的目的是吸引买家看产品的同时还能多看几个产品或页面，让原本买一件产品就走的买家同时购买其他产品，从而提高浏览量，增加转化率，扩大销量。关联营销把相关的产品关联起来也是为了让买家购物更加方便，很多买家搜索产品进入我们店铺后，是不会再到店铺内查找产品的，更多的买家是直接在搜索结果页找产品，如果没有添加关联模板我们会流失许多买家，所以为了多次利用店铺内的访客流量，我们要学会关联模板让进入店铺的访客在店铺内循环流动起来，从而带动产品的销售。

比如我们是销售手机的，那么可以在产品详情页中关联手机壳、手机贴膜、耳机、移动电源等产品，这些产品对于买手机的买家来说，都是有需求的，有很大的可能会点击，只要买家多点击，店铺的产品浏览量就增加了，停留时间也变长了，这样买家的购买转化率也会大大地提高，同时减少买家再去其他店铺购买的可能性。

100 如何利用邮件营销维护老客户？

维护客户关系有众多的工具，然而很多朋友却忽视了邮件营销的威力，其实通过邮件营销可以为我们店铺导入很多访客。店铺上新品、做促销都可以告知老客户，让他们知道店铺有优惠，既体现了我们关心老客户、维护老客户，又达到了增加销售的目的。做得好的卖家每月店铺做活动时，都会给

老客户发送邮件通知他们来店铺购买，如果老客户维护的好，那么通过邮箱来到店铺的买家转化率会非常高，因为这些客户已经和我们发生过交易关系，对我们并不陌生，所以已经具备了一定的信任基础。

据我了解很多新卖家都没做老客户维护的工作，试想一下买家已经购买了我们的产品，他在短时间内对我们还是有印象的，要是我们长时间不和客户联系，久而久之他就会把我们忘记了，变得和陌生卖家差不多，这个时候我们再给买家发送邮件还能收到好的效果吗？不懂维护老客户的卖家店铺二次销售一定不高，又谈何重复购买率呢？

既然邮件营销这么重要，我们该如何给客户发邮件呢？打开"速卖通"后台来到"营销活动"——"客户管理"——"历史客户统计与营销"，就可以给买家发送邮件，如图7-42所示。

![图7-42 速卖通历史客户统计与营销后台界面截图]

图7-42

在这里可以管理所有客户的信息，方便查看买家最后一次订单、成交次数、累计成交金额等信息，还可以按照需要对买家成交次数、成交金额等从高到低排序，对于成交次数多的或累计成交金额大的客户需要我们重点维护，这都是我们店铺的大客户。筛选好客户后点击"发送营销邮件"即可给买家

发送邮件了。

如图7－43所示，提示框中能看到每月可以发送多少封邮件，每个店铺发送的邮件数量都不一样，我们店铺每月可以发送500封邮件，选择客户输入好标题，写上邮件内容就可以发送了，在邮件下面还可以添加推荐产品发送给客户，添加推荐产品后点击"预览"可以看到发送后的效果。

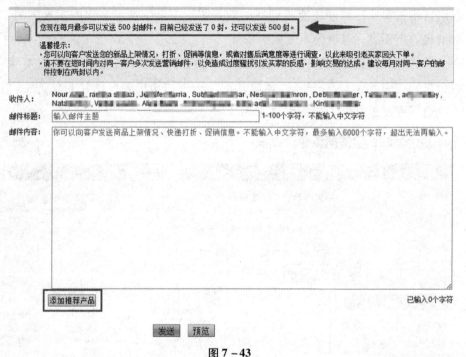

图7－43

图7－44就是最终要发给买家的邮件，确定没有问题后点击"发送"即可，有些店铺客户比较多的朋友会问每个月500封邮件不够用啊。对于客户多的卖家来说邮件限制的数量确实不够用，这时我们可以用邮件群发软件给客户发邮件，这种情况下给客户发邮件就需要有买家的邮箱了，这个界面是不支持导出邮箱的，买家的邮箱在哪里可以看到呢？我们"速卖通"的"后台的交易"——"管理订单"——"订单批量导出"中可以导出买家的邮箱，有了邮箱后我们就可以通过外部软件给买家发邮件了，希望大家通过此方法都能把邮件营销运用起来，提高成交率。

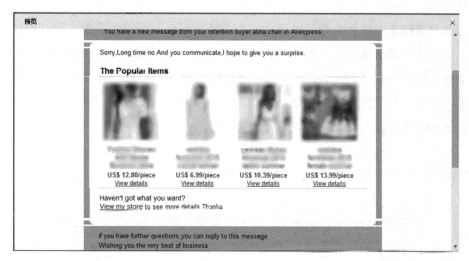

图 7-44

第三节 营销型"速卖通"店铺装修

 为什么要装修店铺？

店铺是我们的门面，店铺装修的好可以给买家留下好的印象，装修好看大气的店铺能够吸引更多买家，并愿意在这里停留更长时间，从而带来更多订单，如果店铺装修的不好会给人感觉特别不正规，看都不想多看一眼直接关闭页面就走了，试想一下一个没有装修过的店铺和一个装修过的店铺买家更愿意相信谁？肯定是装修过的店铺，因为一看就知道卖家在用心经营自己的店铺，所以店铺装修对于我们提升销量非常有帮助。

 装修营销型店铺的重要性？

营销型店铺指的是店铺不仅装修的好看还具备营销功能。店铺不是好看就够了，普通的店铺买家看了只是觉得漂亮，营销型店铺买家看了就知道该做什么。营销其实就是引导买家按照我们的思路完成某个动作,比如我想增加收藏店铺率,那么我就可以设计一个营销图片引导买家去收藏店铺,例如,收藏店铺获得小礼品之类的来鼓励买家收藏。当店铺每个地方的图片或者文字都能够引导买家的时候,我相信来到店铺的买家大多都会多点击几个产品,大大提高浏览量从而提高销量,所以我们不仅要把店铺装修的漂亮大气,还要让店铺具备营销性,这一点非常重要。

103 一键安装高大上的装修市场模板

大家都知道店铺装修很重要,可是有些朋友不会 PS 也没有从事过设计工作,对于装修店铺一窍不通,不知从何下手,难道什么都不会就装修不了店铺了吗?以前如果真的不会设计图片,硬是要装修的话应该会比较丑,而且风格也不搭调。不过现在大家不用担心了,"速卖通"有装修模板市场,卖家只需要花点钱即可把精美的模板一键安装到店铺。

首先点击"店铺"——"商铺管理"——"店铺装修及管理"——"查看装修市场"进入装修模板市场,如图 7 – 45 所示。进入装修市场后我们可以看到非常多的模板,如图7 – 46所示。

图 7 – 45

我们可以从店铺类型中找到自己的行业,在这里就都是适合自己行业风格的模板了,选择好之后点击"我要购买"就可以购买了,也可以先点击"马上试用"到店铺看看效果,如图 7 – 47 所示。

如果试用后觉得不错就可以点击购买,每个月 10 元就可以了,这样就彻底解决了由于不懂 PS、不懂设计而不会装修店铺的问题了。

图 7－46

LNE设计-偶买大气时尚女装 高级模板

适用站点：AliExpress旺铺基础版

模板价格：￥ 10.00

购买周期：1个月 3个月 6个月

我要购买　马上试用

点击我要购买后，会保存在"我的订单"，请您根据记录中的提示完成线下支付。

设计师：CE█████🔲旺旺联系

图 7－47

 104 如何收集店铺装修必备的素材？

店铺装修之前或之后都会需要设计一些图片，不管是店招、产品主图，还是海报等都需要用素材来美化，这时就需要找素材来设计图片了，比如一些图片按钮、折扣图、新款图等，加上素材后图片看起来会非常漂亮。这些素材我们从昵图网中可以获得。

如图 7－48 所示，通过昵图网搜索框输入我们想要找的素材，结果会显

示非常多的素材，有了素材，设计图片就事半功倍了。有些素材可以使用共享分下载，有些素材则需要购买才可以使用，如果喜欢就购买设计师的作品吧，购买后就可以得到 PSD 源文件了。

图 7 – 48

105 如何设计一个店招？

在设计店招之前，我们要知道店招的尺寸是多少，在"速卖通"卖家后台的"店铺"——"商铺管理"——"店铺装修及管理"——"进入装修"，进入店铺装修界面，如图7 – 49所示，点击店招右上角的"编辑"即可查看店招尺寸要求，如图 7 – 50 所示。

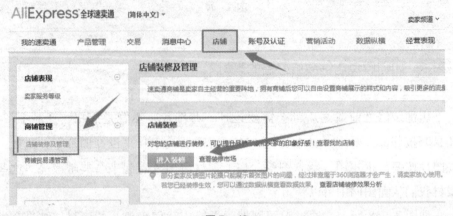

图 7 – 49

图 7 - 50

在店招中可以看到要求高度在 100px ~ 150px 之间，宽度 1 200px。这是一个店铺的尺寸，了解完尺寸后我们就可以开始设计了，首先我们需要一个 PS 软件，现在我为大家演示下。

如图 7 - 51 所示，在 PS 中新建一个宽度 1 200px、高度 150px 的图层，然后给图层添加一个背景颜色，之后把文字和图片添加完成就可以了。

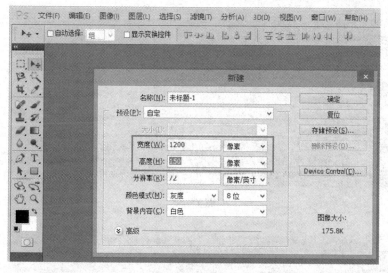

图 7 - 51

添加文字如图 7 - 52 所示，选择横排文字工具图标，然后在图层中输入文字，如图 7 - 53 所示。

文字输入进来后把字体调整为合适大小，之后我们在文字的左右两边各加一个产品图片，如图 7 - 54 所示。

这样一个简单的店招就设计好了，把图片另存到电脑桌面就可以上传到"速卖通"店铺去了。

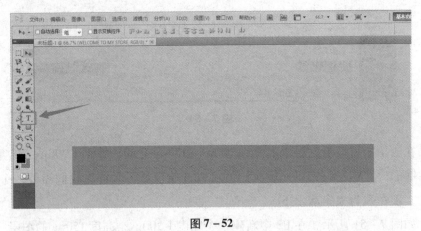

图 7 – 52

图 7 – 53

图 7 – 54

怎样设置多国语言？

很多朋友都看到过别人店铺里面的多国语言模板，店铺加上多国语言模板后可以方便买家选择自己国家的语言来访问，首先我们先来看看多国语言模板是什么样子吧。

如图7-55所示，买家可以点击图标来选择切换到自己国家的语言。大家想知道这是怎么做出来的吗？其实这是用代码来实现的。

图 7-55

图7-56就是多国语言模板的代码，我们只需要把代码中的问号改成自己店铺的 ID 即可，店铺 ID 在店铺首页或店铺 URL 链接可以看到，如图7-57所标记的位置。

图 7-56

图 7 – 57

找到自己店铺的 ID 后在代码中把问号替换为自己的 ID 即可，之后我们把代码加到店铺中去，如图 7 – 58 所示。

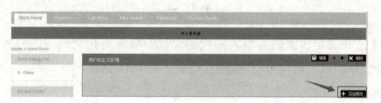

图 7 – 58

来到店铺点击添加模板，之后添加自定义内容，如图 7 – 59 所示。

图 7 – 59

添加后在用户自定义区域点击"编辑",如图 7-60 所示。

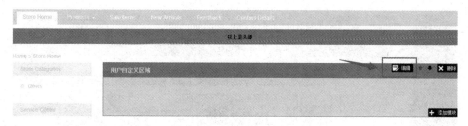

图 7-60

然后输入模板标题,在编辑器中点击源代码图标,再把多国语言模板代码粘贴到输入框中,如图 7-61 所示。

图 7-61

代码粘贴过来后点击"保存"就可以了,接下来我们预览下效果,如图

7 - 62 所示。

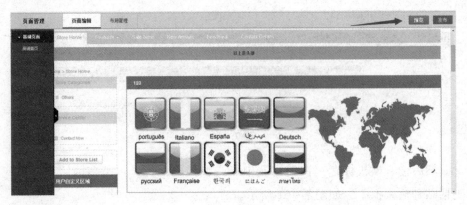

图 7 - 62

这样就把多国语言模板装修好了,最后点击图右上角的"发布"即可保存。

107 如何制作动态收藏图增加店铺收藏量?

收藏图一般是加在收藏店铺按钮下面的,为什么要在下面加一张动态图呢?目的就是让买家一眼看到收藏店铺按钮从而增加店铺收藏量,如图 7 - 63 所示。

收藏店铺下面这张动态图片就是自定义加上的,由于截图的原因大家看不到动态的图。想知道如何用 PS 制作动态图吗?打开 PS 软件新建尺寸为 195px × 150px 的图层,首先加上箭头符号,然后再输入文字。

图 7 - 63

如图 7 - 64 所示,这个箭头符号是在百度图片搜索到的,大家可以找张自己喜欢的素材,下一步把这个箭头符号的图片复制一张。

在图 7 - 65 中可以看到有个图层 1,

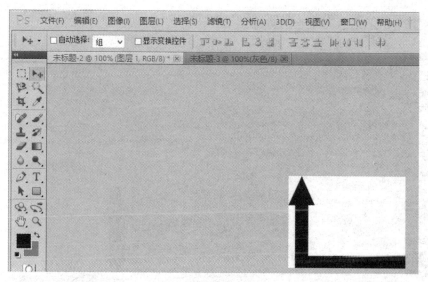

图 7 – 64

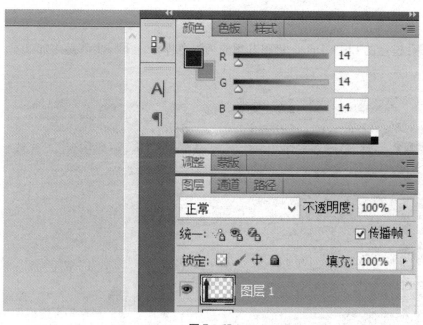

图 7 – 65

鼠标右键复制一张图层，之后用魔术棒选中箭头符号，如图 7 – 66 所示。

选中箭头符号之后给它加一个背景色，先把背景色的颜色调为红色，之

图 7 - 66

后按住键盘的 Ctrl + Delete 键将其填充为红色即可，下一步就是添加文字，如图 7 - 67。

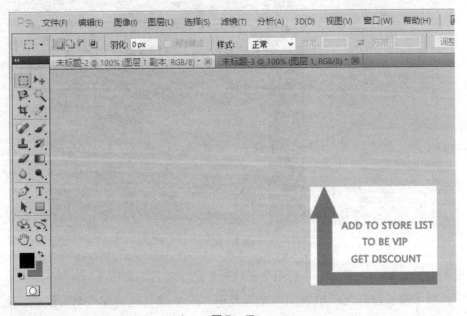

图 7 - 67

在图 7 – 68 中用横排义字工具给图片加上文字后，图片还是不能动的，想要让图片动起来就需要打开工具栏的"窗口"——"动画"，把动画功能调出来，如图7 – 68所示。

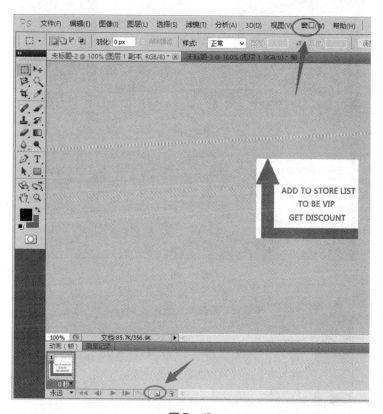

图 7 – 68

来到动画帧后点击图中标注的按钮，新建动画帧之后点击图层 1 副本前的眼睛将其取消，那么此时动画帧的第二张帧就会变成黑色，如图 7 – 69 所示。

最后在动画帧里面按住 Ctrl 键选中这两张动画帧，然后点击小三角给动画加上 0.2 秒的延迟，如图 7 – 70 所示。

这样一个动画帧就制作好了，0.2 秒图片就会自动由黑色变成红色，还可以点击播放按钮看到具体的动态效果，最后一步点击"文件"——"存储为Web 和设备所用格式"，如图 7 – 71 所示。

点击之后，把图片保存为 GIF 形式的图片即可，当然"速卖通"是不支

223

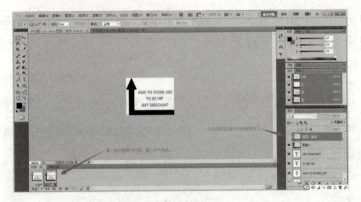

图 7 - 69

图 7 - 70

图 7 - 71

持 GIF 文件的，想要让动态图顺利加到店铺去就要把 GIF 图片上传到网络中，最终获得这种图片的网络图片 URL 链接，在店铺添加图片的时候选择用网络地址添加图片即可。

108 怎样着手装修我们的店铺？

经过前面的介绍，大家了解了一些店铺装修的知识，现在我来详细介绍下店铺装修操作中的功能如何使用，希望大家了解完这些功能后能够自己装修店铺。

首先进入店铺装修界面，进入后最先看到的就是店招，点击"编辑"添加店招，如图 7-72 所示。

图 7-72

在图 7-73 中点击添加图片上传我们提前设计好的店招，旁边是输入网址，输入网址后买家点击店招就会进入我们输入的这个网址。每个模块都有和图 7-74 中一样的功能：编辑、删除、添加模块。其中上下箭头是指上移或下移的意思。

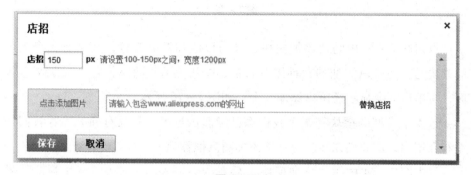

图 7-73

图 7 – 74

点击图片轮播模块的编辑后就可以添加轮播图片，如图 7 – 75 所示。

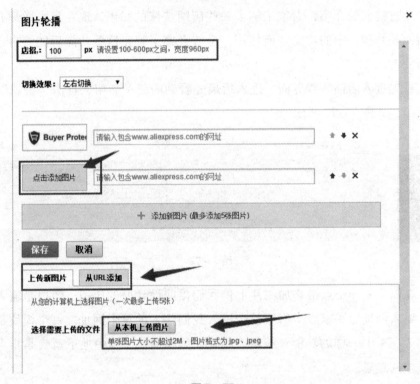

图 7 – 75

点击图 7 – 74 中的 "添加模块" 还可以添加商品推荐，其中有 4 个类型的模块是我们可以添加的，具体有店招、图片轮播、商品推荐、自定义内容区，每项后面会显示还可以添加几个，如图 7 – 76 所示。

这 4 个类型的模块有 3 个我们都已经演示过了，就只有商品推荐我们还没有介绍完，那我们现在学习一下添加商品推荐吧。

点击图 7 – 74 中的 "添加模块" 后系统会进入图 7 – 76 "模块管理" 界面，点击 "第三方模块" 商品推荐后面的 "添加" 进入图 7 – 77 所示页面，

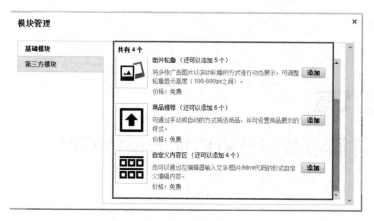

图 7 - 76

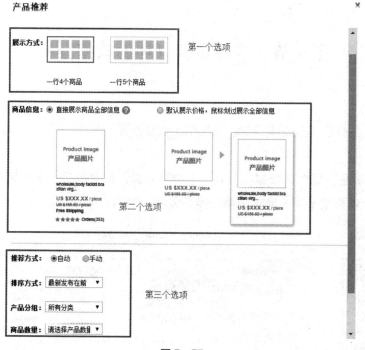

图 7 - 77

第一个选项可以选择展示方式，一行展示 4 个产品，还是 5 个产品，第二个选项可以选择直接展示商品全部信息还是需要鼠标划过才展示，第三个选项可以选择商品的排序方式、产品分组、商品数量。选择后点击"保存"即可，店铺装修完后一定要点击"发布"，否则是无法看到装修后的效果的。

第八章

怎样通过数据分析店铺的运营问题

第一节　店铺经营好坏的数据分析

为什么数据分析对我们的店铺至关重要？

"速卖通"后台的数据纵横有一个经营分析，其中包括：实时风暴、商铺概况、商铺流量来源、商铺装修、商品分析，如图8－1所示。

图8－1

通过这些数据是可以看我们店铺的经营状况的，一般情况下很多朋友都会经常关注实时风暴数据查看每天曝光量、访客量、订单量等数据。这块数据可以清晰地显示我们店铺目前的实时数据，方便我们了解店铺每天的经营情况，如果没有这些数据，那么我们都无法了解店铺每天的访客量是多少、转化率是多少。

此外在经营分析下面还可以看到店铺的更多数据，比如我们店铺的访客来自哪些国家，买家是搜索过来的还是类目流量来到我们店铺的，买家来我们店铺消费平均客单价是多少？有了这些数据我们才能深入地了解店铺内在的问题，进而及时优化店铺、提升店铺，所以这些数据对我们来说是非常重要的。

有的朋友店铺出了问题无法找到原因，不知道怎么下手优化店铺，其实这一切的问题都是因为我们不会数据分析，只要掌握了数据分析就可以找到店铺问题，就和医生通过望闻问切来了解病人一样，我们学会了数据分析就是自己店铺的医生，随时随地给店铺诊断，并对症下药。

大家不要认为它只是一个简单的数据分析工具，其实这里有很多秘密的，会数据分析的朋友可以看出店铺的很多问题，不会看数据分析的就只能停留在看表面数据而已。在本文我将带大家一步步从表面深入数据的底层，剖析出店铺存在的问题。

 实时风暴数据流量峰值对我们店铺有何价值？

实时风暴数据可以看到我们店铺的曝光量、浏览量、访客量、订单量等数据详情，在实时风暴中我们可以了解到店铺的实时交易额，了解店铺所处行业位置，还可以对比上周同期数据。

在图 8-2 中我们可以看到店铺的实时成交额已经超过了 95% 的同行卖家，这可以让我们了解我们在同行业中所处的位置，超过 95% 的卖家已经是很优秀的了。同时，我们也能看到店铺的实时数据，在图中的实时搜索曝光量 222 340，浏览量 5 319，访客数 2 878，订单量 248，成交订单数 185，成交转化率 6.39%，非常清晰地让我们看到店铺经营状况，另外在实时风暴数据中有柱形图，其中蓝色代表当日数据，橙色代表周同比数据，通过柱形图对

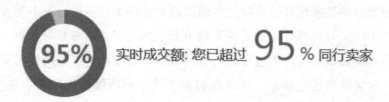

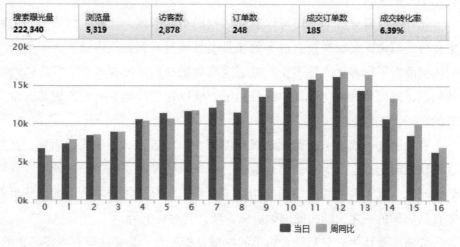

图 8 - 2

比可以知道我们的实时数据是下降了还是提升了，以及店铺在哪个时间段流量峰值是最高的。

看完图中的数据我们来分析一下店铺的问题，我们可以看到实时数据显示订单数 248 个，然而实际成交的订单数只有 185 单，其他那些单为什么没有付款呢？这我们就要看实时风暴下面的数据来做分析了。

在图 8 - 3 中我们可以发现第一个产品订单数 40 个，成交订单数 32 个，

商品标题		成交金额	浏览量 ⬍	访客数	订单数	成交订单数	购物车 ⬍	收藏夹	操作
			288	206	40	32	157	43	管理该产品
			262	197	37	27	155	63	管理该产品
			189	141	20	19	134	23	管理该产品

图 8 - 3

那么还有 8 个人是没有付款购买产品的，同时把商品加入购物车的有 157 人，加入收藏夹的有 43 人，那么单品的转化率是多少呢？计算方法为：转化率 =（成交订单数/访客数）× 100%，即（32/206）×100% = 15.5%，这样的转化率已经算非常不错的了，所以并不是所有买家都会付款，如果有没有付款的可以巧妙地催促买家付款以提高转化率。

此外加入购物车和收藏夹的买家为什么也有不付款的呢？可能是买家觉得这产品不错就先加入购物车或是收藏夹，买家还需要货比三家，针对这部分买家我们可以适当降低价格来吸引他们付款。此外，我们看到第一个产品访客有 206 人，有 157 人把产品加入了购物车，既然访问这个产品的买家有一半以上都对此产品有兴趣，那么这款产品是非常受买家喜欢的，所以这个单品是具有爆款潜质的，值得我们重点维护它。

 商铺概况中我们能看出哪些有价值的数据？

在数据纵横的商铺概况里可以看到商铺排名、商铺经营情况、商铺核心指标、商铺访客全球分布数据，通过这些数据可以非常方便地发现店铺存在的问题。

首先我们来了解下商铺排名。如图 8－4 所示，由商铺排名可以及时了解自己店铺在所属行业最近 30 天成交量中的分层排名。成交分层一共有五个层级，图 8－4 中这个店铺是在第四层级，30 天支付金额超过同层级 57%，这说明比我们店铺做得优秀的还大有人在，我们想要将店铺提升到第五层级就

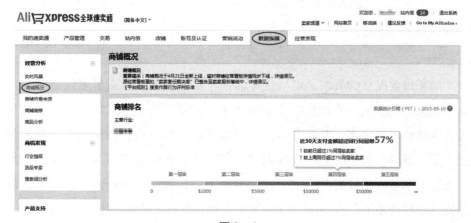

图 8－4

需要付出很多努力。

　　商铺排名下面是商铺经营情况数据,在商铺经营情况中我们首先来了解下 GMV 看板,GMV(Gross Merchandise Volume)即成交总额的意思,在这里可以查询最近 7 天、30 天或者自定义时间的成交数据,让我们清晰了解店铺 GMV 情况。在图 8 – 5 中我们可以看到最近 30 天全店铺的支付金额、访客数、购买率、客单价等数据,并且在数据下面还有提升或下降的提示,我们可以看到这个店铺的支付金额和访客数都比上期提升了很多,购买率和客单价则下降了,具体可以点击数据后面的 "问号" 标志查看是哪些环节下降了。

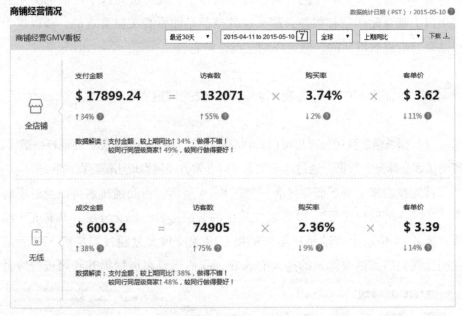

图 8 – 5

　　如果想要提高购买率,可以优化店铺产品的详情页,或者删除那些与产品不相关的垃圾词、有流量但经常不出单的产品、转化率低的产品等,从而提升店铺整体购买率。要提升客单价可以优化关联模板,搭配营销让买家多买产品。最后,数据解读告诉我们成交额和访客数比上期提升了很多,如果再把购买率和客单价提升上去,一定会更上一层楼。全店铺数据下面的无线数据就是移动端的销售情况,分析的方法和上面是一样的,就不多介绍了。

　　商铺经营情况 GMV 看板下面还有一个国家和平台分布及趋势看板,这里可以分国家和平台查看流量（UV）与交易（GMV）趋势，点击左边的圆圈右边就可以查看某个国家或平台的各项数据了，在图 8－6 中我们可以看到这个店铺的 GMV 都是上升趋势的，店铺没有什么问题继续保持下去就好了。

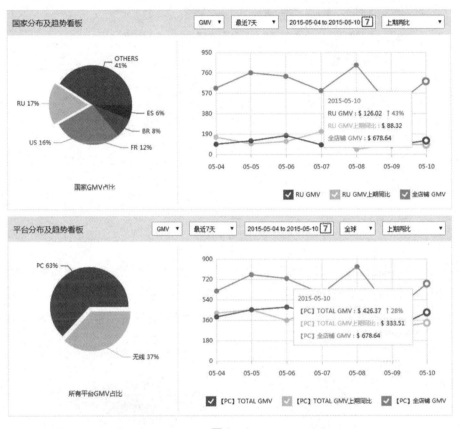

图 8－6

下面我们来了解下商铺概况的第三个模块商品核心指标分析，如图 8－7 所示，在商铺核心指标分析中我们可以看到店铺具体某个时间的曝光量、访客数、支付买家数等核心指标，也可以勾选其他核心指标查看相关数据，在图8－7的数据中我们看到店铺最近 30 天的曝光次数和支付买家数、访客数等都在上升，只有退款金额下降了 35%，说明退款的买家越来越少了，值得我们继续保持下去，并持续优化改善从而更进一步降低退款率。如果退款金额数据上升了，说明退款买家越来越多了，我们就要分析下买家为什么会退款？找到原因后想办法解决这些问题降低退款率。另外，我们还要关注的是下单买家数和支付买家数，如果下单

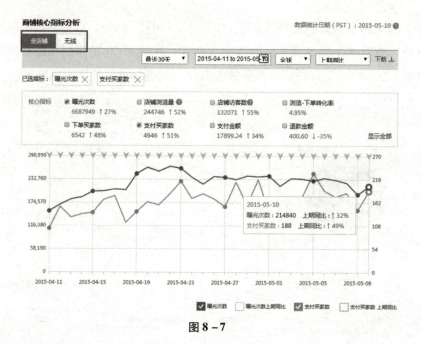

图 8 - 7

数和支付数相差其远，就代表我们店铺的支付成功订单率低，此时我们要做的就是催促那些没有支付成功的买家付款，提高店铺成功支付率。

了解完这些数据后我们再来看看商铺访客全球分布功能，如图 8 - 8 所

图 8 - 8

示，通过商铺访问全球分布功能我们可以看到店铺的访客都来自哪些国家，图8-8中俄罗斯访客占比是最多的，占了整店27%，巴西12%排名第二，美国8%排名第三。掌握了这些数据我们能够知道买家地域分布并深入了解客户风俗习惯，进而有针对性地开发客户喜欢的产品，甚至可以对这些国家重点营销，如对这些国家包邮，以吸引更多订单，提升转化率。

 112 如何发现客户从什么渠道来到我们的店铺？

在"数据纵横"——"商铺流量来源"当中，我们可以详细了解客户是从哪里来到我们店铺的。

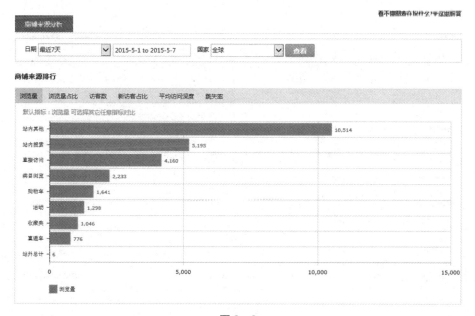

图8-9

在图8-9中我们可以看到店铺浏览量、访客数、平均访问深度、跳失率等数据，同时还能够了解到访客从哪里来的。在浏览量这里站内搜索、直接访问、活动等渠道都比较好理解，就是站内其他这一项很多朋友不知道是从哪里来的，其实站内其他浏览量的来源主要是通过我们"速卖通"店铺首页、关联宝贝页、店内分组、店内导航栏，以及买家后台订单交易页面进入店铺的。在浏览量来源中我们可以看到站内其他渠道过来的人最多，类目浏览过

来的人较少，这样我们就要检查一下是否每个产品都选择了最精准的类目。

"速卖通"平台为了让我们更加详细地看到数据，在商铺来源分析下面还提供了详情数据功能。

在图8-10中我们可以看到最近7天的详细数据，其中各个渠道来源的访客数总计为18 221人，新访客数17 786人，新访客占比97.61%，这表示我们店铺大部分访客都是第一次进入我们店铺，其中平均访问深度1.94，跳失率84.86%。跳失率越低访问深度就越高，也能说明我们店铺的关联产品引导做得越好。在图8-10中我们可以看到直接访问、购物车进入我们店铺的访客跳失率较低，而站外总计的跳失率达到了100%，说明站外的流量我们是需要优化的，每一列数据的最后几乎都会有提升秘籍供我们参考。

来源	浏流量	浏流量占比	访客数	新访客数	新访客占比	平均访问深度	跳失率	提升秘籍
总计	35,262	100.00%	18,221	17,786	97.61%	1.94	84.86%	
站内总计	35,256	99.98%	18,219	17,784	97.61%	1.94	84.85%	
站内其他	10,514	29.82%	7,645	7,392	96.69%	1.38	80.97%	店铺装修，关联营销
站内搜索	5,195	14.73%	3,680	3,644	99.02%	1.41	78.90%	用搜索词分析提升排序
直接访问	4,160	11.80%	2,709	2,624	96.86%	1.54	78.23%	
类目浏览	2,233	6.33%	1,860	1,837	98.76%	1.2	85.68%	选好类目，填好属性
购物车	1,641	4.65%	1,161	1,138	98.02%	1.41	76.54%	引导买家添加购物车
活动	1,298	3.68%	950	942	99.16%	1.37	78.47%	马上报名参加活动
收藏夹	1,046	2.97%	774	730	94.32%	1.35	81.38%	引导买家收藏商铺商品
直通车	776	2.20%	633	630	99.53%	1.23	84.98%	直通车优化秘籍
站外总计	6	0.02%	6	6	100.00%	1	100.00%	

详细数据　↓下载最近30天原始数据

图 8-10

此外，我们还可以点击蓝色字体的站内其他和活动来查看访客通过其他哪些页面来到我们店铺的，如图8-11所示。

这里我们就以站内其他为例，点击一下"站内其他"就会来到TOP10来源页面，如图8-12所示。

来源	浏览量⇕	浏览量占比⇕	访客数⇕	新访客数⇕	新访客占比⇕	平均访问深度⇕	跳失率⇕	提升秘籍
总计	35,262	100.00%	18,221	17,786	97.61%	1.94	84.86%	
站内总计	35,256	99.98%	18,219	17,784	97.61%	1.94	84.85%	
站内其他	10,514	29.82%	7,645	7,392	96.69%	1.38	80.97%	店铺装修，关联营销
站内搜索	5,195	14.73%	3,680	3,644	99.02%	1.41	78.90%	用搜索词分析提升排序
直接访问	4,160	11.80%	2,709	2,624	96.86%	1.54	78.23%	
类目浏览	2,233	6.33%	1,860	1,837	98.76%	1.2	85.68%	选好类目，填好属性
购物车	1,641	4.65%	1,161	1,138	98.02%	1.41	76.54%	引导买家添加购物车
活动	1,200	3.88%	950	942	99.16%	1.37	78.47%	马上报名参加活动

图 8 – 11

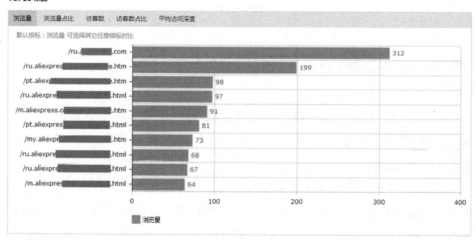

图 8 – 12

在 TOP10 来源中可看到店铺访客其他部分是从哪里来的，如果想知道这些来源页面是什么可以看下面的详情数据，如图 8 – 13 所示，在详细数据里我们点击图左侧的来源 URL 链接即可追踪到访客来源的页面，有了这些数据就能够更好地了解买家进入我们店铺的购买流程了。

详细数据　　　　　　　　　　　　　　　　　　　　　　　　　　　　⬇下载最近30天原始数据

来源	浏览量 ⇅	浏览量占比 ⇅	访客数 ⇅	新访客数 ⇅	新访客占比 ⇅	平均访问深度 ⇅
总计	10,514	100.00%	7,645	7,392	96.69%	1.38
/ru.aliexpress.com	312	2.97%	288	288	100.00%	1.08
/ru.aliexp████████e.htm	199	1.89%	173	173	100.00%	1.15
/pt.aliexp████████e.htm	98	0.93%	92	92	100.00%	1.07
/ru.ali████████.html	97	0.92%	64	64	100.00%	1.52
/m.aliexp████████.htm	91	0.87%	79	78	98.73%	1.15
/pt.alie████████.html	81	0.77%	24	22	91.67%	3.38
/my.aliex████████.htm	73	0.69%	54	51	94.44%	1.35
/ru.aliex████████.html	68	0.65%	53	53	100.00%	1.28

图 8 – 13

113 店铺装修效果趋势图大家能读懂吗？

很多朋友可能会经常装修店铺，那么怎样判断我们店铺装修后的效果如何，对销量影响有多大呢？"速卖通"的"数据纵横"——"商铺装修"可以帮助我们。

在图 8 – 14 中发生装修事件的时间节点上方会有个小三角图标提示，同时下面的数据报表也会显示 N 无装修或 Y 有装修，通过数据报表可以查看装修前后店铺的数据变化。这里我们主要关注平均访问时间、跳失率，我们发现 5 月 3 日店铺有装修，装修后 5 月 6 日平均访问时间为 87，相比 5 月 3 日装修之前的 79 效果有明显提升，跳失率没装修之前 72%，装修后 73% 效果相差不大，这些数据说明 5 月 3 日对店铺的装修是收到了效果的，如果店铺装修没有效果或者效果下降说明店铺装修的比上一次更没有吸引力，这就需要我们再次对店铺装修的元素和引导进行优化了。

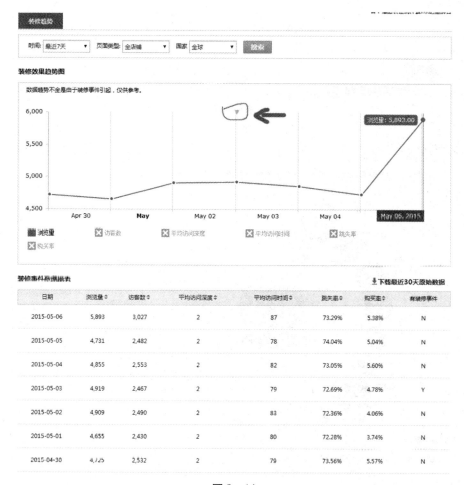

图 8 – 14

114 如何透过商品分析找出店铺半死不活的原因？

在"速卖通"后台"数据纵横"——"商品分析"中，可查看"速卖通"店铺单品的详细数据，并指导我们分析出单品有哪些地方做的不足。商品分析的功能包括的数据非常多，我就在店铺随便找一款单品来给大家演示如何进行数据分析吧。

在图 8 – 15 中我们看到有展开数据分析和流量来源两个选项，我们先点击"流量来源"打开它，如图 8 – 16 所示。

239

	商品标题	搜索曝光量 ⇕	浏览量 ⇕	访客数 ⇕	搜索点击率 ⇕	成交订单数 ⇕	成交转化率 ⇕	操作
		425,846	9,541	7,150	1.47%	615	8.52%	管理该产品

$3.3 ~ $3.3
展开数据分析▼ 流量来源❓

图 8 – 15

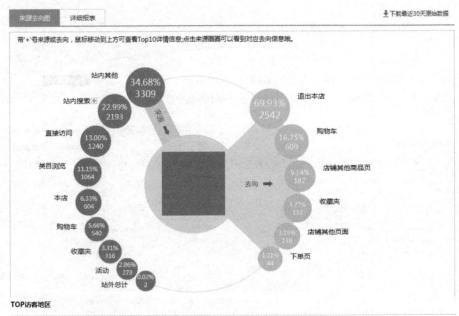

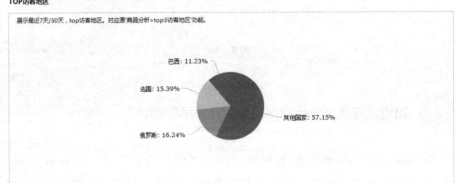

图 8 – 16

打开之后我们可以看到这个产品访客的来源和去向数据，站内其他为34.68%，通过站内其他来到这个产品后有69.93%的人退出本店，16.75%的人将商品加入了购物车，5.14%的人浏览了店铺其他商品页，3.77%的人加入了收藏夹，3.19%的人浏览了店铺其他页面，1.21%的人直接来到下单页，通过这些数据我们可以知道我们应该提升哪些方面，比如退出本店率高那么可能是产品的关键词用了不相关的词，从而吸引了不是很有意向的买家进店，既然没有意向他们点击之后肯定就会马上关闭页面，或者是产品本身吸引力不足我们还需要去优化。其实这个产品退出本店率69.93%，说明它的吸引力还是可以的，大部分卖家这一项数据都是在70%～80%，但是为了继续降低退出率我们还需要优化增加产品的吸引力。

在图8-16下面的TOP访客地区是查看这个产品访客的国家分布，这个单品的访客其他国家占比57.15%、俄罗斯占比16.24%、巴西占比11.23%、法国占比15.39%，了解完访客地区后，我们点击图8-15中的"展开数据分析"查看更详细的产品数据。

图8-17就是展开数据分析图，在转化分析中我们先看搜索曝光量和浏览量的数据，蓝色的数据条是代表这个产品的数据。

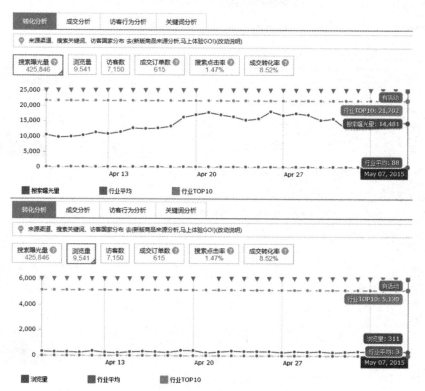

图 8-17

我们这个产品的搜索曝光量是 14 481 已经远远超出行业平均 88 的曝光量，但与行业 TOP10 还有距离，不过已经很接近了，这说明产品的曝光量非常不错。接着我们再来看浏览量数据，我们的浏览量为 311 虽然已经超过行业平均，但是和行业 TOP10 还相差甚远，所以这个单品想要提升就还需要在浏览量方面下工夫，我们可以优化关联模板和装修店铺加强店铺的引导。

下面来看看访客数和成交订单数，如图 8-18 所示，我们产品的访客数是 247 人和行业 TOP10 相差了 633 人，前面我们看到产品的曝光量和行业 TOP10 差不多，那么为什么访客数相差这么多？这个原因就是点击率，我们都知道曝光量就相当于有多少人看到我们的产品，然而浏览产品就必须点击，所以曝光量和 TOP10 差不多的情况下访客数少了肯定是点击率低了。成交订

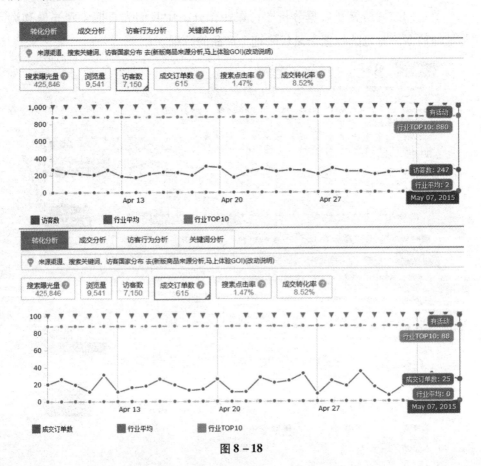

图 8-18

单数中我们的订单数为 25 对比行业 TOP10 相差了 63 单，这数据说明我们的转化率肯定是比 TOP10 低了，那么下面我们来看看是不是点击率和转化率低了。

如图 8-19 所示，我们的点击率为 1.53% 比行业平均还要低，这说明了我们产品的主图存在问题，我们要优化主图吸引力从而提升点击率。接下来成交转化率为 10.12% 和行业 TOP10 差不多，但是和行业平均对比起来差太多了。既然转化率和行业 TOP10 差不多，为什么订单数量相差这么多呢？还应该是点击率的原因，因为点击率比行业 TOP10 相差一半，所以来浏览这个产品的访客数量比较少，在转化率不错的情况下想增加订单就要增加访客。所以我们就要想办法提升点击率增加访客数。

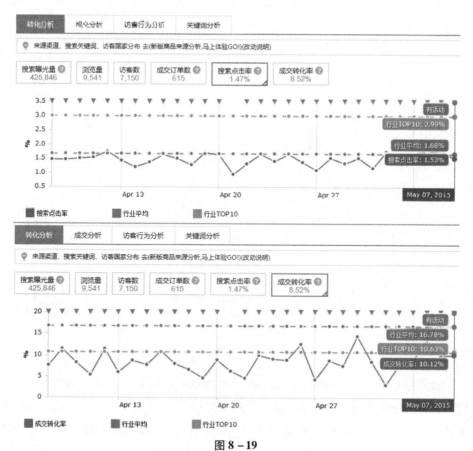

图 8-19

接下来我们直接查看访客行为分析，如图 8 - 20 所示，在访客行为分析中我们店铺买家的平均停留时间为 39，行业 TOP10 为 65，说明我们的产品描述页不是特别能吸引住客户，需要优化描述页，丰富产品信息增加吸引力。另外询盘次数基本为 0，说明我们的产品描述介绍得很详细，客户不需要咨询我们就能够很了解产品，但是这个描述没什么吸引力，所以停留时间不长。如果询盘次数过多说明我们的产品描述让客户无法明白，那么就需要补充产品描述了。

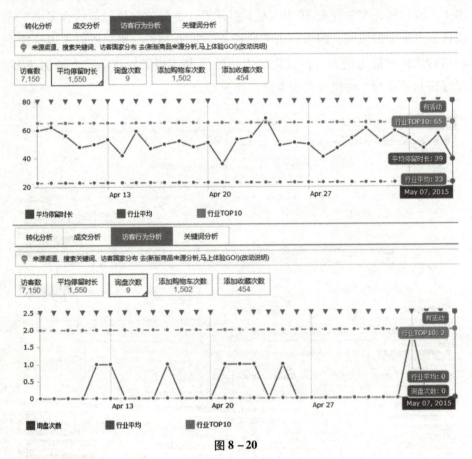

图 8 - 20

接着我们看一下添加购物车次数和添加收藏次数，如图 8 - 21 所示，我们商品添加购物车次数为 59，对比行业 TOP10 的 218 相差很远，添加收藏夹次数 13，对比行业 TOP10 的 45 也相差很远。这些数据表明产品缺乏吸引力，我们需要增强各产品各方面的吸引力，让这两项数据上去。

最后我们来了解下关键词分析工具，如图 8 - 22 所示。关键词分析工具

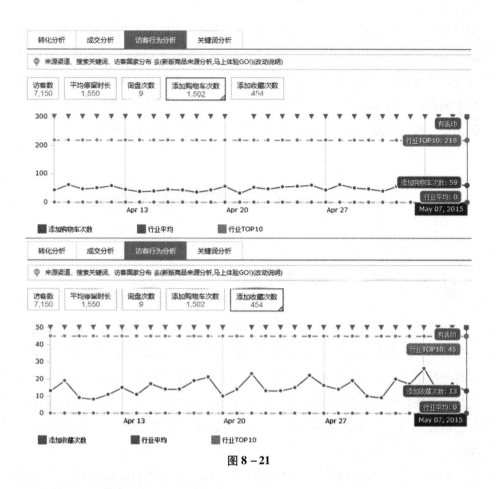

图 8 – 21

图 8 – 22

可以看到曝光和浏览的 TOP10 关键词，通过这些关键词可以了解我们这个单品是通过哪些关键词带来流量的，哪些关键词的曝光量最大，哪些关键词浏览量最多等数据，如果这里显示的关键词有很多和产品不相关的词，那么就会影响产品的浏览和转化，说明我们需要调整产品的关键词，如果很多关键词都没有曝光和浏览，请大家检查下产品的关键词是否有搜索量。

第二节　如何独具慧眼发现行业商机

 行业情报数据告诉了我们什么秘密？

在行业情报中我们不仅可以查看类目访客占比数据，还能够通过查询这些访客占比数据发现这个行业下哪些类目的品类是值得我们去做的，以及发现这个品类下的产品是否有市场潜力，这样就方便我们提前了解类目品类的数据，避免后期把主要精力浪费在毫无价值的品类上。怎么分析数据发现那些值得我们重点去维护的品类呢？这里我以鞋子为例给大家一步步详细的演示。

在图 8 - 23 中可以看到我选择了鞋子，这是一级类目也可以叫它顶级类目，点击鞋子之后又出现另外一个类目这就是鞋子类目下面的子类目，我们叫它为二级类目，在鞋子的二级类目中有：靴子、非专业运动鞋、平跟鞋、

图 8 - 23

花园鞋、其他鞋、高跟鞋、凉鞋＆人字拖、鞋附件、室内拖鞋/家居鞋九个类目。为了分析出做哪个类目有市场前景，我们需要一个个地去查询这九个类目的访客占比数据，这里我们先查靴子的数据。

如图8－24所示，我们看到靴子的访客数占比27.05%，成交订单数占比8.34%，这项数据表示在一级类目鞋子下面，二级类目中靴子占了鞋子27.05%的市场，接着我们再来分析二级类目下的其他品类。

图8－24

分析其他品类我们可以用行业趋势，就不再从行业数据一个个查询了，利用行业趋势一次性可以查询三个行业，如图8－25所示，所以为了效率我们用这个工具来获取数据。

图8－25

如图8－26所示，我们选择了鞋子下面的靴子、非专业运动鞋、平跟鞋，其中三个品类的数据占比分别为靴子26.22%、非专业运动鞋49.28%、平跟

鞋39.59%。下面再来看看这三个品类的成交订单数占比数据。

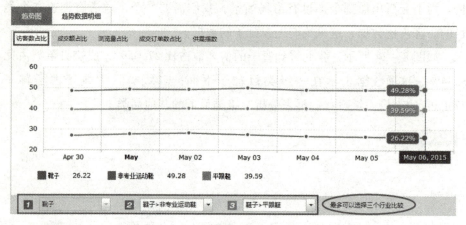

图 8－26

如图 8－27 所示，这三个品类的成交订单数占比分别为靴子7.96%、非专业运动鞋36.46%、平跟鞋15.48%，通过分析访客数和订单数两组数据，可以发现访客量大订单量也一定大，这就好比我们在线下开一家实体店，如果开的实体店都没有人流进店销量能好吗？在这三个品类中非专业运动鞋市场是非常大的，如果大家要三选一的话，建议选择非专业运动鞋这个品类。接下来我们继续把其他品类的数据也分析完，看看到底哪个品类最有市场。

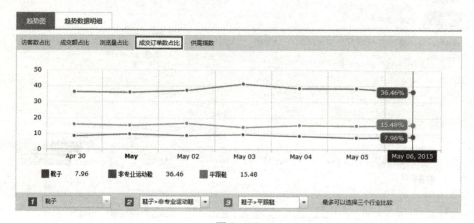

图 8－27

如图 8－28 所示，查询后我们可以看到这些品类的数据占比为：花园鞋2.37%、其他鞋3.52%、高跟鞋31.18%、凉鞋＆人字拖34.2%、鞋附件

6.92%、室内拖鞋/家居鞋9.8%。分析这些品类后我们发现有部分品类访客量大订单量大，也有部分品类访客量小订单量小，可能之前很多新手朋友并不知道应该如何分析，导致店铺上传一大堆鞋子产品，但每天都无法出单。我遇到很多朋友请教这方面的问题，其中最多的就是为什么我店铺上传了这么多产品都没有流量、没有订单啊？这在很大程度上就是因为没有做过详细的分析，没有去调查哪些产品才是有市场有访客有订单的。

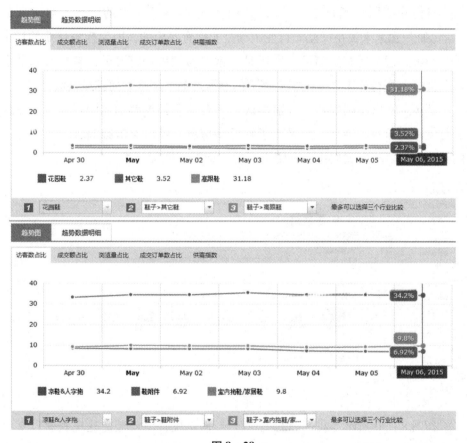

图 8 – 28

前面分析了九个品类的数据，我们来总结下有哪几个品类是值得我们后期精心维护的，在这九个品类中我们可以看到占比最大的是非专业运动鞋，其他四个品类平跟鞋、凉鞋＆人字拖、高跟鞋、靴子占比都是30%左右，这五个品类的成交订单量数据我们就不再去查询了因为访客多订单量自然也会多。

所以,我们要在"速卖通"卖鞋子就重点卖非专业运动鞋、平跟鞋、凉鞋 & 人字拖、高跟鞋、靴子这五个品类的鞋子,其他四个占比小的品类我们也可以上架到店铺去销售,只是主要精力不要放在这些产品上就可以了。

 116 蓝海行业对我们而言意味着什么?

蓝海众所周知既是未知的市场空间,也是竞争不大的市场,对于我们"速卖通"卖家来说拓展蓝海行业市场是非常有必要的,因为蓝海行业的竞争不是很大,但又有买家需求,所以是非常容易把市场打开的。各位卖家朋友可以通过蓝海行业工具来挖掘有潜力的蓝海产品,那么如何挖掘蓝海产品呢?

图 8-29 中的圆圈都是"速卖通"平台给我们推荐的蓝海行业,越蓝代表行业内竞争越不激烈,如果想了解更多信息,可以点击圆圈查看某个行业的具体数据。这里我们主要介绍下面的"蓝海行业细分工具"。

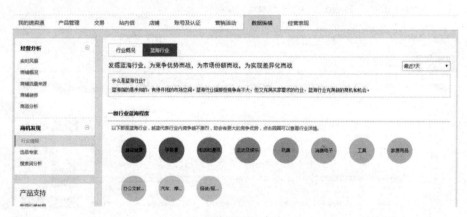

图 8-29

如图 8-30 所示,我选择的是:服装/服饰配件 > 女装,这里我就以女装来举例说明。很多卖家朋友总以为女装是一个红海市场,其实在红海中也会有蓝海的存在,这就好比一家垄断企业,不管它做得多么大总会有一些市场是没有重点拓展的,这就给了其他小企业机会,所以红海中也会有细分的蓝海市场存在,图 8-30 就是女装这个品类下的细分市场,我们通过查询找出了两页,在第一页我们可以看到供需指数最大的品类是女士内裤,这个产品的供需指数在这一页占比 136.88%,接下来我们再来看看第二页的数据,如

图 8 - 31 所示。在第二页我们发现供需指数最大的三个品类是单件西装、长筒袜、比基尼套装。

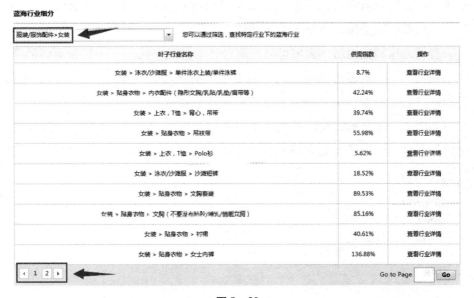

蓝海行业细分

服装/服饰配件>女装		

您可以通过筛选，查找特定行业下的蓝海行业

叶子行业名称	供需指数	操作
女装 > 泳衣/沙滩服 > 单件泳衣上装/单件泳裤	8.7%	查看行业详情
女装 > 贴身衣物 > 内衣配件（隐形文胸/乳贴/乳垫/肩带等）	42.24%	查看行业详情
女装 > 上衣,T恤 > 背心,吊带	39.74%	查看行业详情
女装 > 贴身衣物 > 吊袜带	55.98%	查看行业详情
女装 > 上衣,T恤 > Polo衫	5.62%	查看行业详情
女装 > 泳衣/沙滩服 > 沙滩短裤	18.52%	查看行业详情
女装 > 贴身衣物 > 文胸套装	89.53%	查看行业详情
女装 > 贴身衣物 > 文胸（不要发布热熔/哺乳/情趣文胸）	85.16%	查看行业详情
女装 > 贴身衣物 > 衬裙	40.61%	查看行业详情
女装 > 贴身衣物 > 女士内裤	136.88%	查看行业详情

◄ 1 2 ► Go to Page [ ] Go

图 8 - 30

蓝海行业细分

服装/服饰配件>女装		

您可以通过筛选，查找特定行业下的蓝海行业

叶子行业名称	供需指数	操作
女装 > 袜子 > 长筒袜	110.92%	查看行业详情
女装 > 袜子 > 船袜	33.85%	查看行业详情
女装 > 泳衣/沙滩服 > 比基尼套装	108.98%	查看行业详情
女装 > 袜子 > 连裤袜	93.14%	查看行业详情
女装 > 睡衣,家居服 > 睡袍	53.52%	查看行业详情
女装 > 外套/大衣 > 夹克/短外套	81.3%	查看行业详情
女装 > 外套/大衣 > 外套背心/马甲	38.56%	查看行业详情
女装 > 睡衣,家居服 > 普通睡裙	91.51%	查看行业详情
女装 > 休闲西装/正装西装 > 单件西装	126.99%	查看行业详情
女装 > 睡衣,家居服 > 睡袍睡裙套装	50.54%	查看行业详情

◄ 1 2 ► Go to Page [ ] Go

图 8 - 31

我们看完这两页的所有数据后可以发现有好几个供需指数比较大的产品，供需指数越大说明访客数、订单数等越大，当然竞争也会越大。这里查询到的供需指数虽然越大代表竞争越大，不过对比女装其他品类来说已经小很多了，所以我们不必担心竞争太大的问题。

分析完这些数据后，大家可以根据自己的情况来决定要去扩张哪些品类。这里我们选一个供需指数最大的产品女士内裤来分析一下吧。首先我们点击后面的"查看行业详情"查看女士内裤的详细数据。

如图 8-32 所示，我们看到女士内裤的访客数占比为 44.4%，这可以说是比较不错的市场了，如果我们有女士内裤的货源，那这个市场就是值得我们去开发的。

返回蓝海行业

行业概览

你现在选择的行业是 [女士内裤 ▼]　　　　　　　　请选择时间 [最近7天 ▼]

行业数据

	流量分析		成交转化分析		市场规模分析
	访客数占比	浏览量占比	成交额占比	成交订单数占比	供需指数
最近7天均值	44.4%	40.64%	17.61%	29.68%	137.32%
环比周涨幅	↓ -0.43%	↑ 1.09%	↓ -5.22%	↓ -2.85%	↑ 0.7%

图 8-32

接着再来看看购买女士内裤的消费者都来自哪些地区，以便有针对性营销，如图 8-33 所示，购买女士内裤最多的是其他国家，这里的其他国家是

行业国家分布

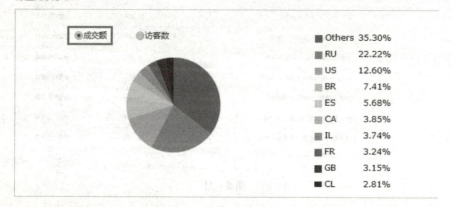

● 成交额	● 访客数		
■ Others	35.30%
■ RU	22.22%
■ US	12.60%
■ BR	7.41%
■ ES	5.68%
■ CA	3.85%
■ IL	3.74%
■ FR	3.24%
■ GB	3.15%
■ CL	2.81%

图 8-33

包括很多国家的意思，单个国家购买最多的是俄罗斯，它占了22.22%的市场份额。了解到俄罗斯购买的买家最多，那么我们在"速卖通"销售的女士内裤就应该多开发一些符合俄罗斯风格的产品。

数据分析到这一步我们再来看一下女士内裤的上级类目贴身衣物的访客占比，如图8-34所示，我们用行业趋势分别查询了女装、贴身衣物、女士内裤的访客占比数据，方便大家能够看到数据对比，此图中女装占了服装69.19%的市场，可见市场很大，女装下面的类目贴身衣物又在女装类目中占比12.83%，这个数据也已经非常大了，因为女装的市场确实很大，同时女士内裤又在贴身衣物中占了41.21%的比率，说明这个产品的市场还是非常不错的。为了验证一下女士内裤的市场，我们可以去搜索看看销量如何。

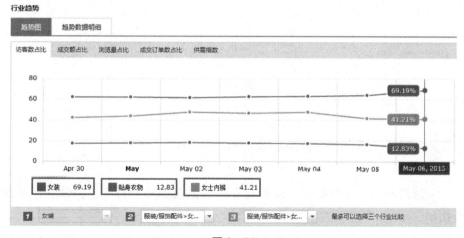

图 8-34

如图8-35所示，我们看到女士内裤的市场销量非常可观，产品只有302 458个，竞争也不算很大。经过一系列的蓝海行业数据分析后，我们基本上可以确定这个市场对于我们卖家来说是值得拓展的，所以以后我们需要为店铺扩充其他品类时，可以考虑进行蓝海数据分析，为店铺上架一些有市场潜力的蓝海产品。

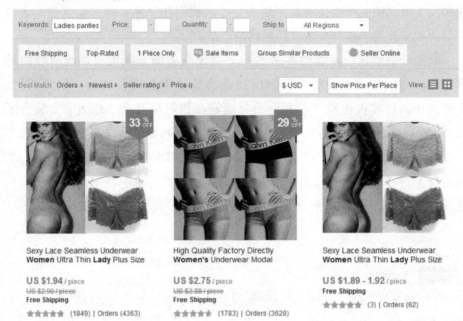

图 8 – 35

 如何通过选品专家发现我们行业的热销产品？

在选品专家工具中我们可以通过查询数据找到某个行业下面哪些产品比较热销。

下面我以办公文教用品为例来为大家演示如何使用选品专家发现热销品，如图 8 – 36 所示，首先我选择行业为办公文教用品，随即就可看到下面的圆圈，每一个圆圈代表一个产品，圆圈越大越红代表产品越是热销。为了能够更加方便地看到整体的数据我们点击图中右上角的"下载"按钮，下载一个表格，如图 8 – 37 所示。

在表格中我们能看到每个产品后面的成交指数，这里的成交指数越大代表产品在该行业越热销，图中成交指数一千以上的有五个产品，分别为圆珠笔、笔记本、便笺、办公室胶带、钢笔，这五个产品都是办公文教用品行业下最热销的产品。

选品专家

看不懂图表在说什么?来这里解答

热销　热搜　潮流趋势 *NEW!*

TOP热销产品词

行业 办公文教用品 ▼　国家 全球 ▼　时间 最近一天 ▼　　　　　　↓ 下载最近30天原始数据

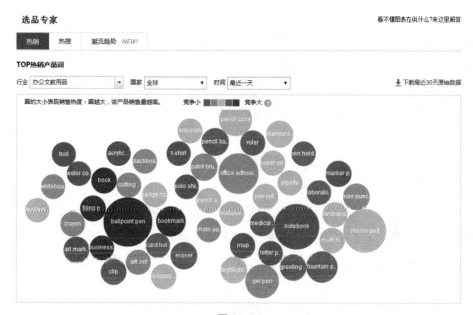

图 8 - 36

	A	B	C	D	E	F	G
1	行业	国家	商品关键词	翻译后中文词	成交指数	购买率排名	竞争指数
2	办公文教用品	全球	ballpoint pen	圆珠笔	3121	2	3.86
3	办公文教用品	全球	notebook	笔记本	2543	24	0.89
4	办公文教用品	全球	memo pad	便笺	2441	5	1.93
5	办公文教用品	全球	office adhesive tape	办公室胶带	1523	3	1.91
6	办公文教用品	全球	fountain pen	钢笔	1129	6	2.71
7	办公文教用品	全球	gel pen	中性笔	905	14	3.37
8	办公文教用品	全球	pencil case	铅笔盒	879	12	1.4
9	办公文教用品	全球	physic	物理	726	1	0.75
10	办公文教用品	全球	pencil bag	铅笔袋	606	17	2.47
11	办公文教用品	全球	bookmark	书签	554	7	3.78
12	办公文教用品	全球	stationery set	文具套装	543	4	1.85
13	办公文教用品	全球	paint brush	油漆刷	432	8	0.96
14	办公文教用品	全球	clip	夹	276	26	2.35
15	办公文教用品	全球	hole punch	打孔	250	15	0.98
16	办公文教用品	全球	book	书	246	47	3.84
17	办公文教用品	全球	greeting card	贺卡	246	45	2.52
18	办公文教用品	全球	highlighters	荧光笔	239	11	1.91
19	办公文教用品	全球	marker pen	记号笔	239	13	0.78
20	办公文教用品	全球	eraser	橡皮	213	31	2.56
21	办公文教用品	全球	standard pencil	标准铅笔	191	25	1.78
22	办公文教用品	全球	art marker	艺术标记	184	29	0.69

图 8 - 37

很多新手朋友在做"速卖通"的时候都是随便选择一个行业，然后在店铺销售相关产品，这是非常不科学的，我们在开店销售产品之前必须经过数据分析，否则后期会因为订单量、访客量不多而导致无法经营下去，这就只能怪自己没有认真调查数据了。因此对于还不知道卖什么产品好的卖家来说，可以按照这个方法来寻找行业下最热销的产品。

 搜索词分析数据我们真能看懂吗？

搜索词分析工具中包括了热搜词、飙升词、零少词三大功能，很多新手朋友并不知道这三大功能是什么意思，这里我就简单介绍一下。热搜词即热门搜索的词，比如我们查询高跟鞋的数据可以看到买家经常搜索什么关键词来查找高跟鞋，这些词就是热搜词；飙升词就是最近迅速增多的买家用来搜索高跟鞋的关键词；零少词即搜索量较少，在搜索零少词后展现出来的产品也较少的词。

热搜词

首先我们来介绍一下热搜词有什么功能。

如图 8 - 38 所示，热搜词包括：是否品牌原词、搜索人气、搜索指数、

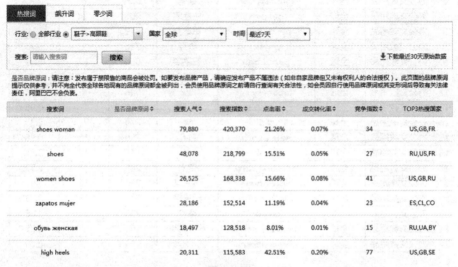

搜索词	是否品牌原词 ⇕	搜索人气 ⇕	搜索指数 ⇕	点击率 ⇕	成交转化率 ⇕	竞争指数 ⇕	TOP3热搜国家
shoes woman		79,880	420,370	21.26%	0.07%	34	US,GB,FR
shoes		48,078	218,799	15.51%	0.05%	27	RU,US,FR
women shoes		26,525	168,338	15.66%	0.08%	41	US,GB,RU
zapatos mujer		28,186	152,514	11.19%	0.04%	23	ES,CL,CO
обувь женская		18,497	128,518	8.01%	0.01%	15	RU,UA,BY
high heels		20,311	115,583	42.51%	0.20%	77	US,GB,SE

图 8 - 38

点击率、成交转化率、竞争指数、TOP3 热搜国家数据。这里我们要重点注意的就是关键词是否是品牌原词，在图中我们没有看到关键词后面有品牌，如果关键词后面在是否品牌原词下面有个字母 Y 的话，那么就代表这个词是品牌词，我们是不能用品牌词的，因为会导致品牌侵权。

另外很多朋友无法理解搜索人气和搜索指数代表什么意思，搜索人气即搜索该关键词的人数，搜索指数即搜索该关键词的次数。比如一位买家在一天内搜索高跟鞋早中晚各一次，那么搜索人气就算一次，搜索指数就算三次。其他的点击率、转化率、竞争指数、TOP3 热搜国家都比较好理解，这里就不多介绍了。

各项功能简单介绍完了，接着我们来实战演示一下怎样操作的吧。首先我们在搜索框中输入高跟鞋的英文单词 High heels，把关于高跟鞋的关键词筛选出来，如图 8-39 所示。

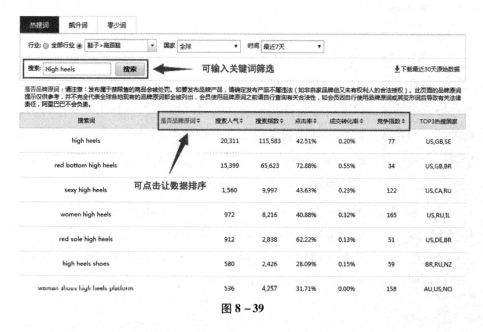

图 8-39

在搜索结果中我们还可以对数据进行排序，这里我点击了搜索人气从高到低排序，那么就可以看到搜索人气最高的关键词。我们有需要也可以点击其他的进行排序，当然我们还可以点击图片右上方的下载最近 30 天原始数据，下载之后会自动生成一个表格，如果不会英语我们还可以翻译成中文看数据。

飙升词

飙升词中的数据和热搜词不一样了，里面多出了搜索指数飙升幅度、曝光商品数增长幅度、曝光卖家数增幅，如图8-40所示。

搜索词分析　看不懂图表在说什么?来这里解答

| 热搜词 | 飙升词 | 零少词 |

行业 鞋子>高跟鞋 ▼　国家 全球 ▼　时间 最近7天 ▼

搜索: High heels 　搜索　　　⬇下载最近30天原始数据

搜索词	是否品牌源词 ⬍	搜索指数 ⬍	搜索指数飙升幅度 ⬍	曝光商品数增长幅度 ⬍	曝光卖家数增幅 ⬍
high heels		115,583	4.16%	4.47%	8.61%
red bottom high heels		65,623	-5.92%	-4.51%	3.03%
sexy high heels		9,997	-18.56%	-13.93%	-9.06%
women high heels		8,216	5.69%	-11.55%	-8.80%
woman shoes high heels platform		4,257	0.62%	-15.15%	-0.89%
red sole high heels		2,838	12.48%	21.85%	36.13%

图 8-40

搜索指数飙升幅度指的是在我们选择的时间段内的指数比上一个时间段内的搜索指数增长幅度，就比如我们现在查询的数据是最近7天的数据，图中第一个关键词high heels（高跟鞋）的搜索指数飙升幅度为4.16%，它表示这个关键词比7天之前飙升了4.16%。后面的曝光商品数增长幅度为4.47%，表示这个关键词在最近7天的曝光商品数量比7天之前的曝光商品数增加了4.47%，最后一个曝光卖家数增幅8.61%，表示最近7天通过高跟鞋关键词获得曝光的卖家数比7天前增加了8.61%的意思。经过简单的介绍，我相信大家就能够通过数据一目了然地看懂飙升词的数据了。

零少词

零少词一般情况下找出来的关键词比较少，如果想找到更多关键词可以通过选择商品结果数范围来找到更多关键词，如图8-41所示。

在商品结果数范围里我们选择的是1~10，显示出来的关键词非常少，如果想要关键词多一些，可以把结果数范围选择大一些，对于商品结果数范围

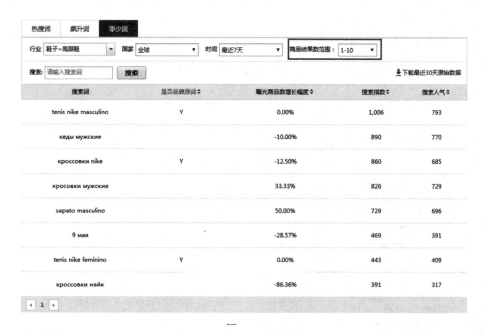

图 8 – 41

可能很多朋友不明白，我就介绍一下吧。零少结果词是产品关键词的一种，又被称为"蓝海词"、"长尾词"。具体是指在前台具备一定搜索热度，但卖家发布产品较少，通常该类词对应的精确匹配产品数量不多，因而同行竞争度较低的关键词。

现在我们看到图中显示的只有 8 个零少词，这 8 个零少词可能是从 1 ～ 10 个商品结果中获取的关键词。下面的曝光商品数增长幅度、搜索指数、搜索人气和前面所介绍的是一个意思，希望大家在今后的操作过程中能够多使用这些工具为店铺提供数据参考，让店铺从选品到营销都站在巨人的肩膀上，快速腾飞。

书目介绍

乐 贸 系 列

书名	作者	定价	书号	出版时间

外贸职场高手系列

书名	作者	定价	书号	出版时间
1. Mr. Hun 创业手记——从 0 到 1 的"华式"创业思维	华 超	45.00 元	978-7-5175-0089-6	2015 年 10 月第 1 版
2. 外贸会计上班记	谭 天	38.00 元	978-7-5175-0088-9	2015 年 10 月第 1 版
3. JAC 外贸工具书——JAC 和他的外贸故事	JAC	45.00 元	978-7-5175-0053-7	2015 年 7 月第 1 版
4. 外贸菜鸟成长记(0~3 岁)	何嘉美	35.00 元	978-7-5175-0070-4	2015 年 6 月第 1 版

外贸操作实务子系列

书名	作者	定价	书号	出版时间
1. 实用外贸技巧助你轻松拿订单(第二版)	王陶(波锅涅)	30.00 元	978-7-5175-0072-8	2015 年 7 月第 2 版
2. 外贸全流程攻略——进出口经理跟单手记	温伟雄	33.00 元	978-7-5175-0015-5	2014 年 5 月第 1 版
3. 出口营销实战(第三版)	黄泰山	45.00 元	978-7-80165-932-3	2013 年 1 月第 3 版
4. 外贸实务疑难解惑 220 例	张浩清	38.00 元	978-7-80165-853-1	2012 年 1 月第 1 版
5. 外贸高手客户成交技巧	毅 冰	35.00 元	978-7-80165-841-8	2012 年 1 月第 1 版
6. 外贸纠纷处理实务——案例与技巧	熊志坚	35.00 元	978-7-80165-789-3	2011 年 1 月第 1 版
7. 报检七日通	徐荣才 朱瑾瑜	22.00 元	978-7-80165-715-2	2010 年 8 月第 1 版
8. 外贸业务经理人手册(第 2 版)	陈文培	39.00 元	978-7-80165-671-1	2010 年 1 月第 1 版
9. 外贸会计实务精要	疏 影	28.00 元	978-7-80165-633-9	2009 年 5 月第 1 版
10. 外贸实用工具手册	本书编委会	32.00 元	978-7-80165-558-5	2009 年 1 月第 1 版
11. 外贸实务经验分享 33 例	沱沱网中文站	28.00 元	978-7-80165-560-8	2009 年 1 月第 1 版
12. 外贸实务案例精华 80 篇	刘德标 吴珊红	29.80 元	978-7-80165-561-5	2009 年 1 月第 1 版
13. 快乐外贸七讲	朱芷萱	22.00 元	978-7-80165-373-4	2009 年 1 月第 1 版
14. 危机生存——十位经理人谈金融危机下的经营之道	本书编委会	22.00 元	978-7-80165-586-8	2009 年 1 月第 1 版
15. 外贸七日通(最新修订版)	黄海涛(深海鱿鱼)	22.00 元	978-7-80165-397-0	2008 年 8 月第 3 版
16. 金牌外贸业务员找客户——17 种方法·案列·评析	陈念祥 张思羽	35.00 元	978-7-80165-543-1	2008 年 8 月第 2 版
17. 出口营销策略(《出口营销实战》升级版)	黄泰山 冯斌	35.00 元	978-7-80165-459-5	2008 年 5 月第 1 版

书名	作者	定价	书号	出版时间
18. 进口实务操作指南 ——步骤·实例·经验技巧	中国进口网	55.00元	978-7-80165-493-9	2008年5月第1版

📖 出口风险管理子系列

1. 轻松应对出口法律风险	韩宝庆	39.80元	978-7-80165-822-7	2011年9月第1版
2. 出口风险管理实务(第二版)	冯 斌	48.00元	978-7-80165-725-1	2010年4月第2版
3. 50种出口风险防范	王新华 陈丹凤	35.00元	978-7-80165-647-6	2009年8月第1版

📖 外贸单证操作子系列

1. 跟单信用证一本通	何源	35.00元	978-7-80165-849-4	2012年1月第1版
2. 信用证审单有问有答280例	李一平 徐珺	37.00元	978-7-80165-761-9	2010年8月第1版
3. 外贸单证经理的成长日记	曹顺祥	38.00元	978-7-80165-716-9	2010年3月第1版
4. 外贸单证解惑280例	龚玉和 齐朝阳	38.00元	978-7-80165-638-4	2009年7月第1版
5. 信用证6小时教程	黄海涛 (深海鱿鱼)	25.00元	978-7-80165-624-7	2009年4月第2版
6. 跟单高手教你做跟单	汪 德	32.00元	978-7-80165-623-0	2009年4月第1版
7. 外贸单证处理技巧 (第3版)	屈 韬	42.00元	978-7-80165-516-5	2008年5月第1版
8. 进出口单证实务案例评析	袁永友 柏望生	33.00元	978-7-80165-371-8	2006年8月第1版

📖 福步外贸高手子系列

1. 巧用外贸邮件拿订单	刘 裕	45.00元	978-7-80165-966-8	2013年8月第1版
2. 小小开发信 订单滚滚来 ——外贸开发信写作技 巧及实用案例分析	薄如骢	26.00元	978-7-80165-551-6	2008年8月第1版
3. 外贸技巧与邮件实战	刘 云	28.00元	978-7-80165-536-3	2008年7月第1版

📖 国际物流操作子系列

1. 货代高手教你做货代 ——优秀货代笔记(第二版)	何银星	33.00元	978-7-5175-0003-2	2014年2月第2版
2. 国际物流操作风险防范 ——技巧·案例分析	孙家庆	32.00元	978-7-80165-577-6	2009年4月第1版
3. 集装箱运输与海关监管	赵 宏	23.00元	978-7-80165-559-2	2009年1月第1版

📖 通关实务子系列

1. 外贸企业轻松应对海关估价	熊 斌 赖 芸 王卫宁	35.00元	978-7-80165-895-1	2012年9月第1版

书名	作者	定价	书号	出版时间
2. 报关实务一本通(第2版)	苏州工业园区海关	35.00 元	978-7-80165-889-0	2012 年 8 月第 2 版
3. 如何通过原产地证尽享关税优惠	南京出入境检验检疫局	50.00 元	978-7-80165-614-8	2009 年 4 月第 3 版
4. 海关进出口商品归类基础与训练	温朝柱	36.00 元	978-7-80165-496-0	2009 年 1 月第 1 版
5. 最新报关单填制实用辅导	盛新阳 彭飞	38.00 元	978-7-80165-497-7	2008 年 10 月第 1 版
6. 最新商品归类技巧	赵宏	38.00 元	978-7-80165-520-2	2008 年 9 月第 1 版

📖 彻底搞懂子系列

书名	作者	定价	书号	出版时间
1. 彻底搞懂信用证(第二版)	王腾 曹红波	35.00 元	978-7-80165-840-1	2011 年 11 月第 2 版
2. 彻底搞懂中国自由贸易区优惠	刘德标 祖月	34.00 元	978-7-80165-762-6	2010 年 8 月第 1 版
3. 彻底搞懂贸易术语	陈岩	33.00 元	978-7-80165-719-0	2010 年 2 月第 1 版
4. 彻底搞懂海运航线	唐丽敏	25.00 元	978-7-80165-644-5	2009 年 7 月第 1 版
5. 彻底搞懂提单	张敏 赵通	29.80 元	978-7-80165-602-5	2009 年 6 月第 1 版
6. 彻底搞懂关税	孙金彦	29.00 元	978-7-80165-618-6	2009 年 6 月第 1 版

📖 外贸英语实战子系列

书名	作者	定价	书号	出版时间
1. 十天搞定外贸函电	毅冰	38.00 元	978-7-80165-898-2	2012 年 10 月第 1 版
2. 外贸高手的口语秘籍	李凤	35.00 元	978-7-80165-838-8	2012 年 2 月第 1 版
3. 外贸英语函电实战	梁金水	25.00 元	978-7-80165-705-3	2010 年 1 月第 1 版
4. 外贸英语口语一本通	刘新法	29.00 元	978-7-80165-537-0	2008 年 8 月第 1 版
5. 英汉物流词汇精析——结合实务操作	应海新	68.00 元	978-7-80165-517-2	2008 年 5 月第 1 版

📖 外贸谈判子系列

书名	作者	定价	书号	出版时间
1. 外贸英语谈判实战	王慧 吴旻 张海军 蒋晓杰 仲颖	32.00 元	978-7-80165-767-1	2010 年 9 月第 1 版
2. 外贸谈判策略与技巧	赵立民	26.00 元	978-7-80165-645-2	2009 年 7 月第 1 版

📖 国际商务往来子系列

书名	作者	定价	书号	出版时间
国际商务礼仪大讲堂	李嘉珊	26.00 元	978-7-80165-640-7	2009 年 12 月第 1 版

📖 贸易展会子系列

书名	作者	定价	书号	出版时间
外贸参展全攻略——如何有效参加 B2B 贸易商展(第三版)	钟景松	38.00 元	978-7-5175-0076-6	2015 年 8 月第 3 版

书名	作者	定价	书号	出版时间

📖 区域市场开发子系列

中东市场开发实战	刘军 沈一强	28.00 元	978-7-80165-650-6	2009 年 9 月第 1 版

📖 国际结算子系列

1. 国际结算函电实务	周红军 阎之大	40.00 元	978-7-80165-732-9	2010 年 5 月第 1 版
2. 出口商如何保障安全收汇 ——L/C、D/P、D/A、O/A 精讲	庄乐梅	85.00 元	978-7-80165-491-5	2008 年 5 月第 1 版

📖 国际贸易金融工具子系列

1. 出口信用保险 ——操作流程与案例	中国出口信用 保险公司	35.00 元	978-7-80165-522-6	2008 年 5 月第 1 版
2. 福费廷	周红军	26.00 元	978 7 80165 451 9	2008 年 1 月第 1 版

📖 加工贸易操作子系列

1. 加工贸易实务操作与技巧	熊斌	35.00 元	978-7-80165-809-8	2011 年 4 月第 1 版
2. 加工贸易达人速成 ——操作案例与技巧	陈秋霞	28.00 元	978-7-80165-891-3	2012 年 7 月第 1 版

📖 乐税子系列

1. 外贸会计账务处理实务 ——经验·技巧分享	徐玉树	38.00 元	978-7-80165-958-3	2013 年 8 月第 1 版
2. 生产企业免抵退税实务 ——经验·技巧分享(第二版)	徐玉树	42.00 元	978-7-80165-936-1	2013 年 2 月第 2 版
3. 外贸企业出口退(免)税常 见错误解析 100 例	周朝勇	49.80 元	978-7-80165-933-0	2013 年 2 月第 1 版
4. 生产企业出口退(免)税常 见错误解析 115 例	周朝勇	49.80 元	978-7-80165-901-9	2013 年 1 月第 1 版
5. 外汇核销指南	陈文培等	22.00 元	978-7-80165-824-1	2011 年 8 月第 1 版
6. 外贸企业出口退税操作手册	中国出口 退税咨询网	42.00 元	978-7-80165-818-0	2011 年 5 月第 1 版
7. 生产企业免抵退税从入门 到精通	中国出口退 税咨询网	98.00 元	978-7-80165-695-7	2010 年 1 月第 1 版

📖 专业报告子系列

1. 国际工程风险管理	张燎	1980.00 元	978-7-80165-708-4	2010 年 1 月第 1 版
2. 涉外型企业海关事务 风险管理报告	《涉外型企业海关 事务风险管理 报告》研究小组	1980.00 元	978-7-80165-666-7	2009 年 10 月第 1 版

书 名	作 者	定 价	书 号	出版时间

外贸企业管理子系列

1. 小企业做大外贸的制胜法则——职业外贸经理人带队伍手记	胡伟锋	35.00 元	978-7-5175-0071-1	2015 年 7 月第 1 版
2. 小企业做大外贸的四项修炼	胡伟锋	26.00 元	978-7-80165-673-5	2010 年 1 月第 1 版

国际贸易金融子系列

1. 信用证风险防范与纠纷处理技巧	李道金	45.00 元	978-7-5175-0079-7	2015 年 10 月第 1 版
2. 国际贸易金融服务全程通（第二版）	郭党怀 张丽君 张贝	43.00 元	978-7-80165-864-7	2012 年 1 月第 2 版
3. 国际结算与贸易融资实务	李华根	42.00 元	978-7-80165-847-0	2011 年 12 月第 1 版

毅冰谈外贸子系列

毅冰私房英语书——七天秀出外贸口语	毅 冰	35.00 元	978-7-80165-965-1	2013 年 9 月第 1 版

"实用型"报关与国际货运专业教材

1. 供应链管理实务	张远昌	48.00 元	978-7-5175-0051-3	2015 年 4 月第 1 版
2. 电子口岸实务（第二版）	林青	35.00 元	978-7-5175-0027-8	2014 年 6 月第 2 版
3. 报检实务（第二版）	孔德民	38.00 元	978-7-80165-999-6	2014 年 3 月第 2 版
4. 进出口商品归类实务（第二版）	林 青	45.00 元	978-7-80165-902-6	2013 年 1 月第 2 版
5. 现代关税实务（第 2 版）	李 齐	35.00 元	978-7-80165-862-3	2012 年 1 月第 2 版
6. 国际贸易单证实务（第 2 版）	丁行政	45.00 元	978-7-80165-855-5	2012 年 1 月第 2 版
7. 报关实务（第 3 版）	杨鹏强	45.00 元	978-7-80165-825-8	2011 年 9 月第 3 版
8. 海关概论（第 2 版）	王意家	36.00 元	978-7-80165-805-0	2011 年 4 月第 2 版
9. 国际集装箱班轮运输实务	林益松 郑海棠	43.00 元	978-7-80165-770-1	2010 年 9 月第 1 版
10. 国际货运代理操作实务	杨鹏强	45.00 元	978-7-80165-709-1	2010 年 1 月第 1 版
11. 航空货运代理实务	杨鹏强	37.00 元	978-7-80165-707-7	2010 年 1 月第 1 版
12. 进出口商品归类实务——实训题参考答案	林 青	12.00 元	978-7-80165-692-6	2009 年 12 月第 1 版

"精讲型"国际贸易核心课程教材

1. 国际电子商务实务精讲（第二版）	冯晓宁	45.00 元	978-7-5175-0092-6	2016 年 1 月第 2 版

"实用型"国际贸易课程教材

电子商务大讲堂·外贸培训专用

中小企业财会实务操作系列丛书

"关务通"品牌图书

书名	作者	定价	书号	出版时间

关务通·电子口岸系列

书名	作者	定价	书号	出版时间
1.《电子口岸实用功能(第二版)》	"关务通·电子口岸系列"编委会	46.00 元	978-7-5175-0040-7	2014 年 11 月第 2 版
2.《电子口岸实务操作与技巧——通关篇(第二版)》	"关务通·电子口岸系列"编委会	48.00 元	978-7-5175-0037-7	2014 年 11 月第 2 版
3.《电子口岸实务操作与技巧——加贸篇(第二版)》	"关务通·电子口岸系列"编委会	48.00 元	978-7-5175-0035-3	2014 年 11 月第 2 版
4.《电子口岸疑难解惑 800 例》	"关务通·电子口岸系列"编委会	48.00 元	978-7-5175-0039-1	2014 年 11 月第 1 版

关务通·加贸系列

书名	作者	定价	书号	出版时间
1.《<中华人民共和国海关审定内销保税货物完税价格办法>实用指南》	"关务通·加贸系列"编委会	80.00 元	978-7-5175-0012-4	2014 年 6 月第 1 版
2.《加工贸易及保税监管政策实务》	"关务通·加贸系列"编委会	70.00 元	978-7-5175-0013-1	2014 年 6 月第 1 版
3.《加工贸易典型案例启示录》	"关务通·加贸系列"编委会	60.00 元	978-7-5175-0014-8	2014 年 6 月第 1 版
4.《加工贸易实务操作与技巧》	"关务通·加贸系列"编委会	60.00 元	978-7-80165-927-9	2013 年 3 月第 1 版
5.《海关特殊监管区域和保税监管场所实务操作与技巧》	"关务通·加贸系列"编委会	60.00 元	978-7-80165-926-2	2013 年 3 月第 1 版
6.《加工贸易疑难解惑 280 例》	"关务通·加贸系列"编委会	60.00 元	978-7-80165-928-6	2013 年 3 月第 1 版

关务通·原产地系列

书名	作者	定价	书号	出版时间
1.《原产地实务操作与技巧》	"关务通·原产地系列"编委会	70.00 元	978-7-80165-981-1	2013 年 10 月第 1 版
2.《原产地疑难解惑 470 例》	"关务通·原产地系列"编委会	70.00 元	978-7-80165-983-5	2013 年 10 月第 1 版
3.《如何从原产地淘金》	"关务通·原产地系列"编委会	90.00 元	978-7-80165-982-8	2013 年 10 月第 1 版

📖 **关务通·监管通关系列**

1. 《便捷通关一本通》　　　　　"关务通·监管通关系列"　60.00 元　978-7-80165-984-2　2013 年 10 月第 1 版
　　　　　　　　　　　　　　　 编委会

2. 《快速通关自查手册》　　　　"关务通·监管通关系列"　60.00 元　978-7-80165-979-8　2013 年 10 月第 1 版
　　　　　　　　　　　　　　　 编委会

3. 《进出境物品通关攻略》　　　"关务通·监管通关系列"　60.00 元　978-7-80165-978-1　2013 年 10 月第 1 版
　　　　　　　　　　　　　　　 编委会

4. 《通关典型案例启示录》　　　"关务通·监管通关系列"　60.00 元　978-7-80165-980-4　2013 年 10 月第 1 版
　　　　　　　　　　　　　　　 编委会

5. 《监管通关政策实用指导手册》"关务通·监管通关系列"　78.00 元　978-7-80165-907-1　2012 年 10 月第 1 版
　　　　　　　　　　　　　　　 编委会

6. 《通关实务操作与技巧》　　　"关务通·监管通关系列"　48.00 元　978-7-80165-909-5　2012 年 10 月第 1 版
　　——货物、运输工具篇　　　 编委会

7. 《通关实务操作与技巧》　　　"关务通·监管通关系列"　26.00 元　978-7-80165-905-7　2012 年 10 月第 1 版
　　——进出境物品篇　　　　　 编委会

8. 《通关疑难解惑 720 例》　　 "关务通·监管通关系列"　48.00 元　978-7-80165-903-3　2012 年 10 月第 1 版
　　　　　　　　　　　　　　　 编委会

📖 **关务通·稽查系列**

《小王在海关稽查的日子　　　 "关务通·稽查系列"　70.00 元　978-7-80165-925-5　2013 年 3 月第 1 版
　——企业如何配合海关稽查》　 编委会

📖 **关务通·双语系列**

《国际海关新视野》　　　　　　上海海关　　　60.00 元　978-7-80165-918-7　2012 年 12 月第 1 版

📖 **关务通·教材系列**

《电子口岸实务精讲》　　　　　"关务通·电子口岸系列"　45.00 元　978-7-5175-0050-6　2015 年 1 月第 1 版
　　　　　　　　　　　　　　　 编委会

以上图书均可在中国海关出版社网上书店(www.hgcbs.com.cn)、当当网、卓越网、京东网及各地新华书店等处购买。若有其他购书意向,请与本社发行部联系,联系电话:(010)65195616/5127/4221/4238/4246/4247。

若想了解更多书讯,可关注中国海关出版社官方微信平台,微信号:hgbook。

《MR.HUA 创业手记——从 0 到 1 的"华式"创业思维》

作者：华　超

定价：45.00 元

书号：978-7-5175-0089-6

出版日期：2015 年 10 月

内容简介

　　《MR.HUA 创业手记——从 0 到 1 的"华式"创业思维》详细记录了 Mr.Hua 的十年创业细节，从白手起家到小有成就，从大学时代到而立之年，从国外到国内，有令人羡慕的超越其年龄的成功，亦有异想天开后的惨痛失败。书中每个生动而真实的故事都刻着鲜明的"华式"思维烙印。阅读时，你可以感受到他发掘商机的敏锐嗅觉，差异化产品设计的先进理念，不停开创新型商业模式的强大执行力，同时，你也可以看到他深陷股市的迷醉，以及理性回归的坚定。

　　除此之外，书中还有若干增值内容：（1）针对实际场景适时穿插手绘漫画；（2）附录中收录了他针对股市与跨境电商的独特、犀利的点评；（3）"再回首"模块，多年后再点评当年情事，更多理性思考与智慧结晶。